いじめ・虐待・体罰を その一言で語らない

―― 教育のことばを問い直す ――

今津孝次郎 著

新曜社

目　次

装幀＝新曜社デザイン室

序　教育を語る「ことば」の乱雑さ ——「児童虐待」の論じ方

1　教育を語る「ことば」の特徴

教育の領域で生じる諸問題が大きな社会問題として、マスメディアや世論の幅広い関心の的となったきっかけは、全国の中学校で校内暴力事件が同時多発的に生じた１９７０年代末から８０年代冒頭にかけての時期であった。「子どもの荒れ」や「荒れる学校」、あるいは「荒廃する教育」という名でセンセーショナルに報じられた。個々の学校や地域の相違を超えて、この時期に同じような学校の荒れが全国的に広がった背景には、１９６０年代後半から７０年代に至る時期に高学歴化や消費社会化、都市化、情報社会化といった日本社会の大きな変化が潜んでいたことを見落とすことはできない。それまでの伝統的な学校様式と、学校を取り巻く社会全体の新たな生活様式とのギャップから噴出した混乱であったと言えよう。教育の問題が広く社会問題としての性質を帯びるのも、当然の流れであった。

消費社会化のなかで子どもの身なりや持ち物が多様化し、質素を旨としてきた学校の道徳と乖離してきたので、うろたえた学校は思わず「校門指導」に走り、持ち物や服装・髪型の検査に精出すようになる。「校門」は学校と外の社会との通路であるだけに、「校門指導」は社会の急変を校門で阻止するという象徴的な行動であったと言える。この校門指導に代表されるような取り組みは「管理主義教育」または「管理教育」と略されて呼ばれるようになった。ただ、その呼び名は曖昧で漠然とした用語である。なぜなら、学校も集団であり組織であるから、一定の「管理」は不可欠である。では「管理」と「管理主義」をどう区別するか、あるいは「学校管理」と「管理教育」の違いの説明が必要となる。そこで私は以下のように捉えた。「管理主義」ないし「管理教育」とは、細部にわたる校則によって身体（髪型など）と服装（ズボンやスカートのスタイルなど）にまで統制を加えるほど管理の網の目をめぐらせ、校則違反が続くと体罰を行使するように管理が自己目的化し、「身体の統制」にまで至るのが「管理主義教育」ないし「管理教育」である、と[1]。

当時の「校門指導」は、今では「校門あいさつ」に変わり、教師が登校する子どもたちと朝のあいさつを交わして、元気に通っているかどうかを見守る貴重な機会となっている。とはいえ、はたして現在では「管理主義教育」が完全に克服されているかどうかは、改めて問われるべきだろう。１９８０年代の荒れる学校とその克服を体験した教師たちのほとんどが退職するなかで、新たな教師世代にそうした「体験」が彼らの思考・価値判断・行動様式として継承されているとは限らない。

全国の教育混乱を憂慮した当時の中曽根政権は１９８４（昭和59）年に「臨時教育審議会」（以下「臨教審」と略記）を立ち上げ、初等教育から高等教育まで広範囲な教育総点検を4年間にわたっておこない、第1～4次答申をまとめて教育改革方策を詳細に提起した。その答申から30年以上が経ち、当時の急激な社会変化も当たり前の日常の暮らしとなるなかで、「管理主義教育」が見直されて「カウンセリングマインド」という造語が流行ったように、子どもたちの声に耳を傾けようという新たな基本姿勢が教師に求められるなどして、学校教育の激しい動揺も一応は収まったかに見えた。

しかし、その後も学校では不登校やいじめ、暴力行為が見られる。しかも、特に生徒指導に関する仕事量が増えたことなどから教師の多忙化は極限に近くなり、現代の学校はなお、解決すべきさまざまな課題に直面している。他方、家庭では児童虐待や子どもの貧困が増加の一途をたどっており、2000年代に入ってからは、新たに増幅する格差社会のなかで、深刻な子育て問題が生じているのも周知の通りである。そして教育問題を大きな社会問題として取り扱うマスメディアを眺めていると、報道の仕方や論評のスタイル、そしてそれらに呼応する世論の動向に、ある特徴があることに気づかされる。

第一に教育問題を語るさまざまな「ことば」が広く流通している。ここで「ことば」というのは言語と言語表現形態を包括的に捉えたものである。第二にそうした「ことば」は一定の意味内容や価値判断、あるいは漠然としたイメージを暗黙のうちに帯びている。第三に形式的な「ことば」だけが独り歩きして多種多様な議論が繰り広げられる。第四にその結果として、教育問題の理解が表面的・断片的に止まり、問題の仕組みが奥深くまで解明されないまま、ただ問題解決策だけが感情的な性格を帯びて次々と提起され、挙句の果てには論議が堂々巡りに陥ってしまい、真の解決に至りにくいこと、である。

こうした諸特徴をもつ「ことば」は、問題の仕組みを詳細に検討する作業を停止させてしまう隠れた作用を果たしているのではないか。典型例として、第Ⅱ部で取り上げる「いじめの根絶」が挙げられる。究極の解決目標を端的に表現した文言で、誰もがつい賛同してしまうが、逆に「いじめ」の理解としては上滑りとなり、包容力をもって子どもの生活を見守るようなまなざしを歪めてしまいかねない。個別の問題事象を「いかに解決するか」を急いで論議するよりも前に、「個別の問題事象がどのような仕組みで起こっているのか、他の問題事象との関係はどうか、その関係を掘り下げるとより深い問題が浮かび上がらないか」などを問うことこそ重要である。つまり、「答え」よりもまずは「問い方」を問うことが、教育問題の解明と解決にとって強力な武器となる。

問題の立て方を検討する際には、問題を語る「ことば」が格好の手掛かりとなる。それを本書では「教育言説」論として取り上げる(2)。「教育言説」の視点は今日もなお新鮮で、不可欠であると感じる。さまざまな教育問題が広く論議されるが、使われることばが粗雑で「問い方」が曖昧であり、議論のスタートラインそのものすら確定していないと感じるからである。本書は1990年代半ばから20年以上の間、私がその時々に考え発表してきた「教育言説」に関する個別の論文や評論の一部を省略し、そして大幅な加筆修正を施し、さらに書き下ろしを加えて新しく再構成したものである。

最初に、一つの問題事例を取り上げよう。教育の社会問題としていつも話題になるいじめや不登校、暴力行為、教師の多忙化などについては以下の各章で扱うので、ここでは最近とみに注目が集まる児童虐待について検討してみたい。なお児童虐待の「児童」は児童福祉法と同じ対象（18歳未満）を指すが、児童は特に小学校児童を指すことが多いので、最近では「子ども虐待」と呼ばれるようになっている。ただし、本書では法的・行政的に通常使用される「児童虐待」の表記に従っておきたい。

2 「児童虐待」をめぐるさまざまな「ことば」

さて、「児童虐待」ということばから受けるごく一般的な理解は、「子どもを殴る蹴る」というイメージを念頭に置いて咄嗟に「悪い」行為だと価値判断し、「自分の子どもを虐待するなんて何という親だろう」と眉をひそめる、というのが通常の反応だろう。つまり、虐待をする親個人を非難して、その責任を問うことに意見が収斂してしまう。しかし、そうした問題の立て方では議論はそこでストップしてしまって、問題解明と問題解決は先に進まない。個別事象をその表面だけで判断しては、問題の仕組みや背景を広く深く明らかにはできず、解決策も部分的で瑣末な対症療法的なものに止まってしまうからである。

全国の児童相談所（以下「児相」と略記）が対応した児童虐待の件数は、1990年度に調査が始まったときは2万件弱であったのが毎年増え続け、27年後の2017年度には13万件を超えて、当初の6倍に達して過去最多となった[3]。この数値は児相が対応したケースに限られるから、隠れたものも数えるなら児童虐待の実態はもっと多くなるだろう。事態の深刻さに腰を上げざるをえなくなった政府は、児相職員の大幅増員を図ること、虐待関連事案のデータベース化によって転居のケースにも即応できる自治体相互の緊密な連携を図ること、などの緊急対策に乗り出した。とはいえ、そうした対策は対症療法に止まり、児童虐待問題の全体的な政策としてはごく限られたものである。それこそ以下のような疑問にどう答えたらよいか。

たしかに、児童虐待への関心が高まって、児相に「通告」するケースが増加している面があるにしても、どうして「悪い」はずの児童虐待がこれほどまで増加し続けるのか。昔から「折檻」ということばがあったように、体罰のように見える虐待ないし虐待そのものは、過去にもお馴染みであったはずである。それがどうして近年では、周囲の機関や人々によって「通告」されるような仕組みになったのか。親はなぜ虐待を繰り返すのか。それはどんな形態の虐待なのか。親に虐待という意識はあるのだろうか……。こうした疑問について立ち止まって検討することなしに、児童虐待問題を深く理解することはできないだろう。

「児童虐待」は一般的に使われる日常語であるとともに、「児童虐待防止法」（2000〔平成12〕年）に示される法律用語であり、世界的に通用する child abuse に対応する学術用語でもある。もっとも、abuse には「乱用」とか「誤用」「悪弊」といった意味もあるから、「虐待」という訳語を当てるのは狭く厳しすぎるので、「児童対応の悪弊」といった訳語が適切であるという意見がある。さらには虐待行為だけに着目せずに、身体の健全な成長を阻む養育全体を包括的に捉える「不適切な養育」ないし「マルトリートメント child maltreatment」という用語が望ましいという、友田明美による学術研究の立場からの提案もある(4)。

法律や最新のアカデミックな研究から児童虐待を検討すると、虐待をする親個人の責任を問うという問題の仕方とは違った、広範な諸観点が浮かび上がる。ここでは以下に六つの観点を示すことばを挙げながら、児童虐待の現実に幅広い角度から迫ってみたい。「自分の子どもを虐待するなんて何という親だろう」と眉をひそめることだけに止まらない、もっと広くて深い議論をしないと、痛ましい現実を理解することも解決することもできないと考える。

3　児童虐待の問い方

（1）「心理的虐待」

児童虐待防止法は虐待の形態を四つに分けている。「身体的虐待」、「性的虐待」、「育児放棄」（ネグレクト）そして「心理的虐待」である。「虐待」の素朴なイメージからすれば、「身体的虐待」や「性的虐待」、そして「育児放棄」は具体的に頭に浮かぶが、イメージしにくいのは「心理的虐待」である。法律の定義によれば、「心理的虐待」とは以下のような行為を指す。

第2条4　児童に対する著しい暴言又は著しく拒絶的な対応、児童が同居する家庭における配偶者に対する暴力（配偶者（婚姻の届けをしていないが、事実上婚姻関係と同様の事情にある者を含む）の身体に対する不法な攻撃であって生命又は身体に危害を及ぼすもの及びこれに準ずる心身に有害な影響を及ぼす言動をいう）その他の児童に著しい心理的外傷を与える言動を行うこと。

虐待の四形態のうち「心理的虐待」にこだわるのには、いくつかの理由がある。まず、この法のことばに注目すると、虐待行為が身体への直接暴力行為を超えて、暴言などのように「心身に有害な影響を及ぼす言動」にまで及ぶとされるように、これまでイメージしてきた以上にさまざまな暴力を総合的に捉える概念になっていることである。そのことは暴力を伴う親子関係を超えて、暴力を伴う夫婦関係が間接的に「児童に著しい心理的外傷」を与える場合にまで及ぶ。つまり、児童虐待は親子関係の歪みだけでなく、夫婦関係の歪み、ひいては家族全体の歪みを指し示すものとして広がることである。そうなると児童虐待は人ごとではなく、どの家族でも育児過程でつい起きてしまうかもしれない日常的な現象として捉え直す必要が出てくる。

さらに言えば、そうした広がりのなかで、虐待の本質は外面的な子への暴力そのものよりも、むしろ家族内の多様な暴力が及ぼす子どもへの「内面的心理的外傷」にこそ求められる点が重要である。後の章で詳しく述べるが、「いじめ防止対策推進法」（２０１３〔平成25〕年）がいじめを定義した核心部分の趣旨と共通する。「第2条　いじめとは・・・当該行為の対象となった児童等が心身の苦痛を感じているものをいう。」

つまり、外面的に観察可能な暴力行為そのものよりも、その行為で内面的にどれだけ苦痛を受けるかということこそが核心であるという趣旨である。この趣旨からすれば、セクシャルハラスメント（セクハラ）にしてもパワーハラスメント（パワハラ）にしても、認定の核心は児童虐待やいじめとも通底する。観察が容易な「外面」から、容易ではない「内面」へと着眼点を移行するのは、これまでにない認識の転換であり、法律文に明示的に示されていないにしても、「どこまでも子どもの心身を守る」という究極の立場を打ち出しており、子どもの利益のために、ひいては子どもの人権を守るという基本的考え方に裏打ちされている。そうした見解は、教育問題の理解を表層から深層へと深めることになる。

ただし、児童虐待防止法施行後の20年間もそうした転換の必要性すら認識できておらず、たとえ必要性を感じていても転換の達成ができていない人々が多数存在すると言えよう。子どもの前で配偶者らを暴行したり罵倒したりする「面前ＤＶ」が虐待に含まれるならば、それは子どもにとって暴力行為の学習になる。ここで「学習」というのは、何も価値ある行動様式を獲得することに限らない。否定すべき行動様式でも思わず獲得してしまうことも学習として扱うのが人間科学の定石である。「面前ＤＶ」では子どもは当たり前のように暴力行為を真似するようになるだろうし、他方では「心理的外傷」による攻撃性の高まりもあって、両者が合わさると、親の代から子どもの代へと暴力行為が継承されてしまう。こうして四つの形態をもつ児童虐待は「暴力連鎖」を宿す深刻な事象であると理解できる。

「暴力連鎖」回路のなかに、もう一つ見落とせない事実があることを明らかにしたのは児童精神科医で脳科学者である友田明美である(5)。虐待を繰り返し受けた子どもたちが心理的に傷を負うことは誰でも想像できるが、「マルトリートメント」の包括的観点から、友田は脳に異変が生じることを実証的に解明した。「面前ＤＶ」(身体暴力だけでなく暴言も含めて)だけでも、脳の後頭葉にある「視覚野」にある「舌状回」という部位が萎縮することが判明し、他のさまざまな虐待形態でも脳の他の部位が変形することが分かった。その結果、被害者はうつ状態に陥ったり、他者に対する強い攻撃性や感情を正常に表わせなくなるといった症状が出てくることがある。さらに、マルトリートメントは養育者(母など)と子どもとの強い絆(愛着、アタッチメント)の障害となり、成長の基礎となる安定感や安心感が得られにくく、心身の発達に遅れが生じやすくなる。そして、愛着障害経験者が親になったとき、次の加害者になりやすくなる。こうして、マルトリートメントの加害者は実は被害者であるとも言え、親のケアにも配慮しないと「暴力連鎖」は断ち切れない、と友田は主張する。

たしかに児童虐待件数データで最近になって圧倒的に多くなっているのが「心理的虐待」で、2017年度には13万3000件のうち7万2000件と全体の54%ほどを占めており、なかでも「面前DV」の件数が増加している。他の三形態も毎年増えているが、17年度の「身体的虐待」は3万3000件、「育児放棄」は2万6000件、「性的虐待」は1500件で、これら三形態を合わせると全体の45%ほどである[6]。「心理的虐待」を具体的に念頭に置けば、児童虐待に関する素朴なイメージに基づく一般の論議はすっかり変わってくるだろう。

(2)「しつけ」

児童虐待が繰り返されているという通告を受けて、児相の担当者が家庭訪問すると、親から返ってくることばは決まって「しつけであって、虐待ではない」である。「しつけ」が虐待をカムフラージュするために安易に使われ、しかもそう言われるとそれ以上立ち入れないと感じるむきがあるので、「しつけ」の誤解について指摘しておきたい。

しつけは「躾」という和製漢字が当てられるように、礼儀作法を厳しく教え込むといった意味で受け止められがちである。ただし、それは室町時代以降に武士階級で使われ始め、その後は豪農や豪商の上層家族に浸透していった「躾」である。それに対して、大多数の庶民の間で昔から言われ続けてきた「シツケ」は厳格で口やかましく教え込むものではなく、独り立ちできるように手を掛けて、無意識に体得させるというほどの意味である。柳田国男監修『民俗学辞典』によれば、庶民が使った「シツケ」とは人を一人前にすること、またその訓練を言う。シツケの眼目は、仕事の諸能力、人との交際の仕方など、生活上のさまざまな知識・技術あるいは生活に対する見方、考え方を幼い頃から自分の眼・耳・心を通じて学び覚えさせることにある(7)。

つまり、自分で実際に生活をするなかで失敗を繰り返し、ときには注意されながら身体で覚え込んでいくことが子どもにとっての厳しさであり、大人が口で厳しく言うことではなかった。和裁で「シツケ糸」を使うが、その役目は合わせた布がずれないように仮糸を通しておき、縫い終わったら仮糸を引き抜く。シツケ糸は正しく縫い上げる補助の役目である。したがって、シツケの元来の意味に従えば、口やかましく厳しく、ときには体罰を行使してでも言うことを聞かせるような子育て法を意味するのではなく、虐待とは無縁である。「しつけの意味が違う」と加害の親に切り返せばよいのだが、今日では「躾」の厳格さを流用するような身勝手な使用法が体罰の口実にされることがしばしばあって、ことばの乱雑さがここにも見られる。

(3)「私事」と「公事」

同じく家庭訪問の場面で、別の決まった言い方もよく耳にする。「親として自分の子どものことを一番知っているから、放っておいてほしい」。児相の担当者もそう言われると、それから先に入りづらくなるという状況がこれまで続いてきた。育児はあくまで家庭内のことで外部がとやかく言うものではない、と遠慮しがちであった。ところが、放っておいた結果、虐待で子どもが死亡するという痛ましい事案が何度も起こり、児相の対応が批判されるという事態が繰り返されてきた。そこで、今では警察官と同行して、強く疑われる場合は家に立ち入って、子どもを加害の親から引き離して保護することも可能になっている。その際に検討すべきは、「親権」制限という法律上の課題と、子育ては「私事」か「公事」かという社会全体にとっての大きな課題である。

子育てが親に委ねられる法的根拠は、明治時代に制定された民法（1896年）の「親権」規定である。親はこの親権に基づき子どもへの虐待を正当化し、他者の介入を拒否することもあったのである。しかし、最初の民法規定から115年経った2011年に、児童虐待防止の観点からようやく民法が改正された。「第820条　親権を行う者は、子の監護及び教育をする権利を有し、義務を負う。」の条文は「親権を行う者は、子の利益のために子の監護及び教育をする権利を有し、義務を負う。」と改正され、「子の利益のために」という文言が明記された。監護や教育は親が勝手に主導してはならず、親の義務的な側面が前面に打ち出された。さらに、「子の利益を著しく害するとき」には最長2年の期限つきで親権を停止する制度が新たに創設された。つまり、虐待の親の親権を制限し、親から子どもを一時的に引き離すことで子どもの心身の安全を守ること、そして制限中に、虐待した親や家庭環境を改善し、親子の再統合を図ることが目的である。こうして、児相担当者は虐待する親に対して法的に立ち向かいやすくなったのである。

親権そして「子の利益のために」という文言を眺めると、子育ては「私事」か「公事」かという大きな課題が浮かび上がる。「私事」とは私的な家族に関わる事柄であり、「公事」とは公共の事柄であるから、子育ては基本的には「私事」に属するが、各家族にすべて任せられるわけでなく、社会を担う次の世代を育てる営みだけに「公事」の側面を帯びてくる。「私事」と「公事」は相対立する二側面ではなくて、子育ての両側面だと捉えられる。

この捉え方は、出産を考えると分かりやすい。子どもは一人、二人あるいは三人か、は親となる夫婦が決める「私事」である。周囲が注文をつけることではない。しかし、夫婦が本当は三人欲しいと思っていながら、実際には一人しか産めない、というのは厳しい育児環境の現実を反映しているから「公事」の事情が影を落としている。出産後も安心して働き続けられるかという母親の職場環境や保育所の整備、あるいは学校教育を継続させていく際の教育費負担などの諸条件は、まさに「公事」に関わる。日本では保育や教育に費やす国家予算の少なさが先進諸国のなかで際立っていることはすでに何度も指摘されているが、子育ては「私事」という考え方が根強いせいだろう。そして親たちも、子育てに経費を支出するのは親の責任だという考え方をとりがちであった。子どもに教育を受けさせたいから働いて稼いでいる、といった言い方は、ごく普通に聞かれる親の生活態度である。

乳幼児死亡率が高かった昔の村落であれば、農業生活に必要な労働力確保のために子育ては村落共同体の「公事」の性格を帯びていた。子育ては地域全体のものであるという考え方として、今日では失われてしまった「複数の親」の習俗が挙げられる。出産と育児に関する民俗学の名著とされる『児やらい』を著した大藤ゆきは、その習俗を丁寧に描きながら、「生みの親」「養い親」の他に、「取上親」「乳付親」（乳が出にくい母親の代わりに乳を与える女性）「名付親」「拾い親」（ひ弱に生まれた赤ん坊は、丈夫な子どもがいる家の前に「捨てられ」、その家の親が拾い上げて、丈夫に育つようにと祈願する）のような「仮親」を挙げている(8)。つまり、昔の生活では産まれてから一人前になるまでに、さまざまな親に見守られて成長する道筋があった。それだけ村落共同体にとって子どもは大切な人的資源であったわけであり、たとえ生みの親が子どもをほったらかしにしても他の親の力で子どもは育つことができるという仕組みがあった。今日の孤立しがちな親が子育てに追い詰められるという状況とは対照的である。

ところで、「コヤライ」というのは戦前に四国・中国地方で方言として伝わっていた古いことばで、子育てを意味した。柳田国男は『児やらい』初版に「四鳥の別れ」と題した美しい序文（1944年）を寄せている。「四鳥の別れ」とは「孔子家語」に出てくるエピソードで、四羽の小鳥が大きくなって親鳥のもとを飛び立とうとするとき、母鳥が悲鳴をあげてこれを送るというところから、親子の別れを指すことばである。

> ヤラヒは少なくとも後から追ひ立てまた突き出すことでありまして、ちゃうど今日の教育といふものの、前に立って引っ張って行かうとするのとは、まるで正反対の方法であったと思はれる……。……当世のお母様は目をまるくしてしまふでせうが、人を成人にする大切な知識の中には、家では与へることのできぬものが実はいくつもありました。さういふ点については世間が教育し、また本人が自分の責任で修養したのであります。ヤラフというのは何か過酷のように聞こえますが、どこかに区切りをつけぬと、いつまでも一人立ちができぬのみならず、親より倍優りな者を作り上げることもできなかったのであります(9)。

あえて当時の旧仮名遣いのまま引用したが、ここに書かれた内容は実に新鮮であり、75年も前の文章であるにもかかわらず、「躾と言う名の児童虐待」が広がり、親の「過保護」「過干渉」が目立つ現代にこそふさわしい。とりわけ、ヤライが「突き出す」ことであり、「前に立って引っ張って行かうとする」教育とは違うという主張に注目したい。たしかに、「教育」は「能力を引き出す educate」に由来するから、年長者が子どもの前に立つのに対して、ヤライは年長者が子どもの後ろに立つという関係の違いがある。小鳥が飛び立つのを親鳥が悲鳴をあげて見送るという「四鳥の別れ」に託して、子育てをヤライと称する考え方は「シツケ」と軌を一にする。一人立ちに向けて、子どもに日常の作業をさせ、間違っていたら注意を与えながら見守る方法だからである。

そうすると、現代の多くの人々が「躾」と理解している内容は、室町時代以降の武士階級での行儀作法の意味と、明治時代以降の教育の考え方を家のなかに取り込んだ「家庭教育」とを結合して出来上がったものであり、日本の庶民階級での長年の伝統的な意味合いとは異なる。「どこかに区切りをつけぬと、いつまでも一人立ちができぬ」という意識を、現代人はどこまで承知できているだろうか。この点を確認しないと、「しつけ」や「教育」「一人立ち」そして「親子関係」について語ることはできない。

出産や子育てが「私事」の性格を強く帯びるようになったのは、産業の高度化で農業が主要部門でなくなり、農民が雇用労働者としてサラリーマン化していく1960年代から70年代にかけての高度経済成長期であったと言えよう。都市化や核家族化が顕著になり、「マイホーム」といった新語が流行語になっていった時期に、子育ては「私事」の性格を強めていった。子どもは地域共同体の将来の労働力という存在から、各家庭内で養育すべき存在へと変化していく。地域の繋がりが弱体化するなかで、母親の孤立化や育児不安が見られるとともに、子どもの「私物化」傾向も現われてくる。児童虐待は、そうした親による支配関係に貫かれた極端な行為だと理解することができる。

一般に学校教育にも「公共性」と「私事性」の二側面があると論じられている。地域の子どもたちすべてに等しく一定の学力や体力、道徳性を獲得させて社会のさまざまな場へと送り出すというのが公教育の基本目標であり、それが教育の「公共性」である。他方、１９６０年代後半以降に高校・大学の進学率の高まりにつれて、学力・学歴競争が厳しくなり、より威信の高い学校へ入学させて、より高い学歴ないし学校歴を得て子どもの将来の生活を保障することを教育目標に据える保護者が増えてきた。我が子の利益のために上級学校進学を踏み台にする教育熱が高まってくると、学校教育の「私事性」が顕著になってくる。

近年「自子主義」という新たな造語を見聞きするようになった。おそらく「利己主義」（エゴイズム）をもじった表現だろう。我が子のことだけを考え、周囲の子どもには目を向けない偏狭な親の態度を指す。自分の子どもだけを大事にして高く評価されたいために、ときには学校側にさまざまな注文や意見をつけることも珍しくなくなった。「私事性」が強くなった証左である。そうであるなら、弱くなった「公共性」の回復に努めることが学校側にも保護者側にも要請されており、子育ても同様である。次世代の子どもの育成に地域全体で取り組む姿勢こそ、少子高齢社会の私たちに課せられた重要な任務のはずである。その課題を確認するなら、児童虐待防止も「公共性」という広い捉え方をすべきであろう。

2019年の通常国会で児童福祉法等改正の政府案に、「『しつけ』と言う名の体罰」を禁止する文言が新たに加わった。最終審議では珍しく与野党が共同し、「体罰禁止」や児童福祉司増員など児相の体制強化、虐待をした保護者への再発防止プログラムの実施などを盛り込んだ改正案を全会一致で可決した[10]。この改正をめぐって私の見解を四つ述べておきたい。

第一は児童虐待が増加する一方の状況下で、児相を中心に虐待防止のための条件整備を図ることは当然の措置であり、遅きに失したほどである。

第二に体罰禁止の法の実効性について、家庭での体罰禁止の法律が制定されたことをどこまで国民に周知できるか、そして親たちが守ることができるか、という点である。第Ⅰ部3で論じるように、学校での体罰禁止が明治以来長年にわたって法で謳われているにもかかわらず、つい最近までほとんど空文に近かった事態を想起すれば、同じく罰則規定が無いこともあり、また大人‐子どもの間に権力関係が入り込みやすいこともあって、体罰禁止の法の実効性に疑問が生じる。家庭で体罰禁止という法のことばが新たに提起されたとはいえ、「体罰は必要である」という日常の言説は想像以上に隠微な力をもっていると感じられるからである。

第三は家庭のことに国や法律が立ち入るべきではない、という主張についてである。基本的にはそうであるにしても、虐待で子どもの生命が損なわれている以上、触れないわけにはいかない。それに、子育ては「私事」と「公事」の両面に関わるから、1970年代以降「私事」の観念に偏りすぎた育児に、「公事」からの規制が法のことばになったと受け止めるべきだろう。

第四に「保護者への再発防止プログラムの実施」は見落としがちであるが、不可欠で適切な措置である。この点については以下の（6）「子育て」と「親育ち」で、具体化の一つとして触れたい。

（4）「子ども観」

次に虐待行為そのものに関わる論点を検討したい。かわいい我が子を虐待するなんてどうしてだろうと考えるとき、歴史を超えて人々の意識の底に流れる基本的な「子ども観」を見落とすことはできず、それは児童虐待論ではほとんど注目されないからである。大人が子どもをどのような存在として見るかという「子ども観」は、歴史の流れのなかで大きく変わった。子どもは大人とは違う独自の存在であり、未熟であるだけに保護して丁寧に教育する必要があるという考え方は、近代に入ってから登場した新しい捉え方である。よく知られるように、J・J・ルソー『エミール』（1762年）は、そうした新しい子ども観から「『子ども』の発見」をおこない、エミールの成長を乳幼児期から青年期まで詳細にたどって世界で初めての児童心理学を描いたと評されている[11]。

子ども観の転換を踏まえながら、「子ども」が発見される前と発見された後での子ども観の相違を整理してみたい。この整理は西欧だけでなく、日本にも適用できるだろう。「子ども」は「子供」とも表記される。表記の違いは二つの子ども観と関連する。「供」は家来、お供の意味であるから、従属する存在を示すだけに、あえて「供」の字を使わずに、「子ども」と表記して尊重すべき独自の存在を示している。さらに細かく二つの子ども観を整理すると、〔A〕子ども中心に捉える積極的・肯定的子ども観と、〔B〕大人中心に捉える消極的・否定的子ども観とに大別できる。ただし留意すべきは、「子ども中心」という表現は子どもの勝手気ままに任せるということではなくて、あくまで子どもの成長発達を図るために大人はどのように関係をもつかを考えるという意味である。
　二つの子ども観の性質を大雑把に列挙すると表序－1のようになる。そうすると、歴史的には〔B〕から〔A〕へ大きく変化してきたことに気づくが、見落としてはならないのは、過去の〔B〕がすっかりなくなったのではなくて、現代もなお〔B〕が主要な〔A〕のなかに混在している、と感じられることである。昔から素朴にあった〔B〕が今もふとしたことから頭をもたげる場合があり、児童虐待はそれが具現化した一行為形態であるという解釈が成り立つのではないか。現代の子ども観は〔A〕のはずなのに、児童虐待の背後に見られるように〔B〕が残存しているとすれば、虐待行為の個別ケースだけに止めないで、一般的な「大人－子ども関係」のあり様を改めて見つめ直すべき現実として受け止めることが求められる。

表序－1　二つの子ども観

〔A〕積極的・肯定的 〔子どもを基準〕	〔B〕消極的・否定的 〔大人を基準〕
子ども（主体） 可愛い 関心 宝 未熟・可能性 保護	子供（家来・従者） 餓鬼 無関心・無視 屑 無能・無力 邪魔
歴史的変化 ⟵	── B から A へ
現代の混在 ⟵	⟶ A のなかに B

　児童虐待を解決しなければと、国だけでなく地方自治体も今や施策に追われている。名古屋市の例を挙げると、市議会議員提案による「名古屋市児童を虐待から守る条例」が制定されるとともに、市役所内には子育て支援部児童虐待対策室という部署を設置して、児相や保健所など関係機関と連携しながら子育て見守り隊や子育て相談を推進している。特に力を入れているのが広報啓発活動で、6頁立ての啓発リーフレットを発行しているが、その表紙の右肩には「オレンジリボンキャンペーン」と小さく表記されている。よく知られてきた「オレンジリボン」マークは、2004年に栃木県で

起こった児童虐待死事件をきっかけにして、2005年から地元のNPOが児童虐待防止を目指して始めた「オレンジリボン運動」のシンボルで、その後全国に広まって「児童虐待防止全国ネットワーク」が組織化されるに至った。「オレンジリボン憲章」には次のように謳われており、この憲章も法に準じることばとして受け止めることができる。

私たちは、子どもの成長と発達を支援することが社会全体の責任であることを自覚して、次の通り行動します。

①私たちは、子どものいのちと心を守ります。②私たちは、家族の子育てを支援します。③私たちは、里親と施設の子育てを支援します。④私たちは、地域の連帯を広げます[12]。

児童虐待件数が増加する一方で、それを防止しようとする市民運動が「憲章」を掲げて広がりをみせている。同時に児童虐待防止法の「何人も、児童に対して、虐待をしてはならない」（第3条）という法のことばも合わせて捉えるなら、虐待と反虐待が相対する状況は、子育ての「私事」と「公事」の両面を物語ると同時に、現代社会における二つの「子ども観」のせめぎ合いが現出しているとも言えよう。

さて、名古屋市の啓発リーフレットには、虐待の四形態をはじめ、虐待のサイン（子どもの様子・保護者の様子）、虐待が身体や心に及ぼす影響、悩み相談先、などの基本知識が簡潔にまとめられているが、虐待問題の認識にとって重要なことは、虐待の原因が三つの側面から羅列されている点である[13]。これらは、これまでにもさまざまな場でよく指摘されている諸要因である。

①社会的要因。少子化、核家族化により周囲からの支援や協力がない。

②保護者の要因。育児に対する不安やストレス、産後うつなど精神的不調、体調不調、望まない妊娠・出産、面前DV、自身が虐待されて育った経験、貧困・失業など経済的不安。

③子どもの要因。育てにくい子ども、障碍や病気など。

これらの諸要因を改めて眺めると、児童虐待とは虐待行為だけに焦点化される問題ではなく、少子化・都市化・情報化・格差化が進む現代社会で、揺れ動く家族と子育て、親子関係の全体に関わる包括的な問題であると捉えないと、問題の解明も解決もできないと思い至る。「オレンジリボン憲章②子育て支援」もそうした趣旨であろう。したがって、ことばの観点から言うと、児童虐待に関連するキーワード群として、しつけ、子育ての私事・公事、親権、子ども観、子ども中心と大人中心、親子の支配関係、などを念頭に置きながら、多角的で丁寧な議論を展開していくことが強く要請される。

(5)「愛情に満ちた家族」という規範意識

これまでは虐待する加害側に視点を置いて述べてきたが、他方では虐待を受ける被害側が何を感じ、考えているかを見落としていては、問題の解明や解決はできない。当事者である被害者の深い心理的世界であるだけに周囲から接近することは難しいから、周囲の人々は気に留めにくい。あえてこの側面に注目した内田良は、子ども期に虐待を受けてそれに苦しみながらも、成人になるとともに回復過程を歩んだ被害者3人(40代前半の既婚男性、20代後半の未婚男性、30代前半の未婚女性)を対象に1

999年に約半年かけてインタビューした結果、以下の点が明らかになった(14)。

彼らの語りに共通するのは、被虐待と家族のことを周囲には口外しないという態度をとり続けてきたことである。みじめで、恥ずかしく、「異常な家族」という烙印を周囲から押されてしまうと恐れるからである。「愛情に満ちた家族」という暗黙の規範が当たり前の基準となっているから、それが「自分の子どもを虐待するなんて何という親だろう」という価値判断を導いている。そうすると、「望ましくない家族」での経験をいかに受け止めるのか、さらにその経験を他者に伝えられるか、伝えられないか、その苦痛をいかに乗り越えるのか、が迫られてくる。つまり、虐待は加害者と被害者の関係だけに止まらず、被害の当事者にとっては社会全体の標準的な「家族観」をめぐる「まなざし」のなかに置かれることになり、一般的な家族規範によって、被虐待の苦痛に加えてさらなる苦痛が増幅させられることになる。

したがって、この「愛情に満ちた家族」という観念に無意識的に絡め取られる「家族観」を相対化し、多様に変化する複雑な家族の実態から家族規範について再検討しないと、被虐待者は苦痛から解放されない。つまりは家族の言説を見直すことである。彼らは児相の保護組織や民間の虐待防止団体、あるいは被虐待者の自立互助グループなどとの関わりを通して被虐待経験を吐露するうちに少しずつ心理的解放が可能にはなるが、それでも完全に解放されるわけではない。

他方、2019年春に国会で児童虐待が大きく論議されるなか、虐待防止策を提言する集会が国会内で開かれ、専門学校1年の被害女性(19歳)はおおよそ次のように自分の体験を語っている。

母子家庭に育った。母親から虐待されるようになったのは小学生の頃。殴られ、髪をつかまれ、家の外に放り出された。警察へ相談に行っても、「お母さんがそんなことをするわけがない」と取り合ってもらえなかった。笑顔で迎えに来る母親。帰宅するなり暴力を振るわれ、「産んだことが間違いだった」とののしられた。

「自分が悪いからだ」。暴力を受け入れ、殴られると安心するようになった。母親は殴る時だけ名前で呼んでくれた。存在を認められた気がした。母親は優しい時もあり、自分への愛情は感じていた。暴力がエスカレートし、高校2年で警察に再び駆け込んだ。児童相談所に一時保護され、「日常だと思っていたことが虐待だと初めて知った」[15]。

ここで注目したいのは、「お母さんがそんなことをするわけがない」とごく一般的な家族規範で判断する警察の態度と、「暴力を受け入れ」、それが「虐待だ」と知らなかったという娘の意識である。親が我が子に振るう暴力の背後に何があるのか、その暴力を受け入れる子どもとの親子関係はいかなるものか、その奥深さを私たちがどれだけ理解できるかに想いを至らせると、それは「虐待」ということばから想像できる世界をはるかに超えている。

(6)「子育て」と「親育ち」

さて、通常は一体のものと考えられている「生む」ことと「育てる」ことは区別すべきだと伊藤友宣が『親とはなにか』のなかで論じている[16]。彼は問題とされた少年10余人を家に引き取って暮らした経験をもち、「親であろうとしない親」の存在を見つめ、里親運動をはじめとして民間福祉活動に携わってきただけに、その主張には説得力がある。子どもを慈しみ、育てるのは親の本能ではない。むしろ、その人が幼い頃からの生活のなかで自然に学び取ったものに基づき、その人自身が実際に育児経験を積み重ねて親として成長していくなかで達成していくものだと考えないと、「親であろうとしない親」の存在は説明できない。十分な愛情を受けずに育った子どもは大きくなって、自分の子どもに愛情を注ぐことができにくいだろう。いつも体罰ばかり受けていた子どもは、大きくなって、自分の子どもに体罰を繰り返しても、誰かに指摘されるまではそれが体罰だとは気付かない可能性が高いだろう。

こうして、「子育て」は実は「親育ち」と同時並行して実現されていく表裏一体のプロセスである。近年、幼稚園や保育園で「子育て支援」の育児相談などの活動が重視されるようになったのも、そうしたプロセスをサポートしようという新たな動きとして捉えることができる。とはいえ、そうしたプロセスはごく一般的に言えることであって、児童虐待の現実のなかでの親育ちは並大抵のことではない。児相で30年以上にわたって児童福祉司として業務をおこなってきた川﨑二三彦は、児童虐待防止法の制定から4年経った2004年に法律改正がなされ、新たに設けられた条項で提起された「親子の再統合」に注目した(17)。

第11条　(児童虐待をおこなった保護者に対する)指導は、親子の再統合への配慮その他の児童虐待を受けた児童が良好な家庭的環境で生活するために必要な配慮の下に適切に行わなければならない。

虐待する親と向き合いながら、子どもの安全確保を第一にし、なおかつ面会、外出、外泊などの取組みを通じて「家族再統合」を目指すことは児相の業務としてきわめて困難を伴う、と川﨑は述懐する。なによりも児相がその目標を達成できるだけの適切な組織体制、十分な人員配置、専門性、不可欠な研修システムなどの条件整備こそ緊急に求められると彼は強く提言した(18)。この提言がなされた２００６年から13年後の２０１９年に児童福祉法と共に児童虐待防止法がさらに改訂され、政府はようやく児相の強化策に本格的に取り組むことになる。あまりに遅すぎると言うほかはない。

以上述べてきたように、単に表面的な現象に囚われるのではなくて、あえて立ち止まってことばをめぐる幅広い視点から個別事象を深層面にまで掘り下げることこそ重要である、というのが本書全体を貫くメッセージである。とりわけ、私は40年にも及んで「いじめ」に関する諸議論を多角的に検討した結果、いじめをめぐることばのやりとりに根本的な弱点があることを指摘せざるをえなかった。その指摘をまとめた第Ⅱ部３は、教育言説論の立場からの強い主張である。

なお、２００１年１月の中央省庁再編により、文部省は文部科学省（以下「文科省」と略記）と変更された。本書では当該年度の呼称を用いる。また、マスメディアで使われる「教育委員会」の多くは厳密に言えば「教育委員会事務局」を指しているが、一般的表記である「教育委員会」（以下「教委」「市教委」「県教委」と略記する場合もある）を用いる。「教育委員会制度」と言えば、教育委員会と教育委員会事務局を併せた全体的仕組みを指している。

【注】

（1）今津孝次郎「第4章　教育――登校拒否を中心に（2節　身体の統制と身体の抵抗）」塩原勉・飯島伸子・松本通晴・新睦人編『現代日本の生活変動――1970年以降』世界思想社、1991年。

（2）名古屋地域在住の教育学・教育社会学研究者10人ほどが1991年から約5年にわたって継続した「教育言説研究会」の成果に負っている。今津孝次郎・樋田大二郎編『教育言説をどう読むか――教育を語ることばのしくみとはたらき』新曜社、1997年。そして10年後の2007年から2008年にかけて改めて教育言説を再検討した成果が、同『続　教育言説をどう読むか――教育を語ることばから教育を問いなおす』新曜社、2010年である。

（3）厚生労働省ウェブページ「平成29年度　児童相談所での児童虐待相談対応件数〈速報値〉2018年8月30日。および「朝日新聞」（名古屋本社版）2018年8月31日付。

（4）友田明美『子どもの脳を傷つける親たち』NHK出版新書、2017年、第1章。

（5）同書、第4章、終章。

（6）「朝日新聞」（名古屋本社版）2018年8月31日付。

（7）柳田国男監修『民俗学辞典』東京堂出版、1951年、260～261頁。

（8）大藤ゆき『児やらい』〔新版〕岩崎美術社、1967年、193～205頁。

（9）同書、1～4頁。

（10）「朝日新聞」（名古屋本社版）2019年5月16日付「虐待防止法改正案（政府案・野党案）」、2019年5月24日付「児童虐待の防止強化に向けた児童福祉法等改正案の修正で与野党合意」、2019年6月20日付「虐待防止へ改正法成立」。

（11）J・J・ルソー『エミール』〔上・中・下〕今野一雄訳、岩波文庫、1962～64年。

（12）特定非営利活動法人「児童虐待防止全国ネットワーク」ウェブページ「子ども虐待防止　オレンジリボン運動」。

（13）名古屋市子ども青年局子ども福祉課「みんなで守ろう！子どもの笑顔――子ども虐待をなくすために」2018年10月。

（14）内田良『「児童虐待」へのまなざし――社会現象はどう語られるのか』世界思想社、2009年、第4章。

(15)「朝日新聞」(名古屋本社版) 2019年3月21日付「19歳、集会で語る」。
(16)伊藤友宣『親とはなにか』中公新書、1972年、10〜11頁。
(17)川﨑二三彦『児童虐待 —— 現場からの提言』岩波新書、2006年、170〜172頁。
(18)同書、第5章。

I 教育を語る「ことば」に注目する

――「教育言説」の視点

教育を論じる際の言語や言語表現について関心が高まったのは１９８０年代であった。１９７０年代後半から日本全体が大きな社会変動に見舞われるなか、従来からの伝統に浸ったままで、そうした諸変動に対処する準備ができていなかった学校は混乱し、１９８０年代冒頭から「荒れる学校・子ども」が全国に現われ、学校と教師に対するバッシングとも言えるほどの批判を含む多くの教育論議が噴出した。そして、教育論議のことばそのものを見直そうとする新たな見解が登場する。それが教育言説論である。

教育問題をいかに認識するか、認識の仕方そのものについて一段上の視点から改めて問い直そうとする「メタ認知論」だと言ってよい。「メタ meta-」とは「超越」「一段と高い」を意味する。高みから教育の論じ方そのものを見直さないと、常識的で固定的な議論を打ち破ることはできず、教育問題を深く掘り下げることもできない。この教育言説の視点は40年経った今日もなお新鮮である。なぜなら、教育論議に混乱が見られ、乱雑な用法に終始し、何年経っても明確な出口が見通せないような状況が今なお続いているからである。

第Ⅰ部では、教育言説という基本視点について説明する。そのうえで、二つの事例を取り上げて、それらを教育言説論的に解明すると議論の広がりと深まりがいかに可能になるかを具体的に示す。

1 「教育言説」という視点

1 教育論議の言語と言語表現の問題

教育問題（教育の社会問題）については多くの人がさまざまな意見を出すけれども、なかなか噛み合わない、いつも同じ議論の繰り返しで前進がない、賛否両論の基本的な対立があってなかなか乗り越えられない、といった状況にしばしばぶつかる。それは、教育問題それ自体が複雑で難しいからなのか、あるいは教育問題の立て方や論じ方に何か落し穴があるためか。ここで取り上げたいのは、意識されることが少ない後者の方である。

すでに村井実は、教育論議が広く世間で高まりつつあった1970年代半ばに、「教育言語」の問題を提起した[1]。彼は、教育に関する人々の議論が言語の使用法にあまりにも無関心であり、明確な定義もなく、先入観に満ちたままことばの勝手な使用が横行していると、例を挙げながら批判した。「善さ」ということばひとつ取り上げても、それは価値命題なのか事実命題なのか曖昧で、議論を混乱させている。また「知育偏重」にしても「情操教育の重視」にしても、繰り返し強調されるけれどもスローガンばかりで、そこからは具体的な方策はいつまでたっても出てこない、というように。

1980年代に入って、教育論議がいっそう広く高まるとともに、教育論議自体を反省の対象として言語や言語表現そのものを取り上げて論じるという作業が「言説」論として登場した。たとえば、菅野盾樹は、1980年代半ばのいじめ論議の高まりに対して、いじめそのものを論じるというよりも「いじめを論じる態度を反省してみることのほうが大切ではないだろうか。なぜなら、いじめ言説への反省なしには、いじめの真の認識は不可能だからである」と提起し、いじめの定義は何か、をはじめとして、当時あまり明確に議論されていなかった論点について詳細な考察を展開した(2)。1990年代の半ばに再びいじめ問題への関心が大きく高まり、いじめをどう捉えたらよいか、などをめぐって基本的な論議がようやく展開されるに至った。菅野の「いじめ」言説論は、10年も早い先取りであった。

また見田宗介も1980年代半ばに体罰やいじめについての論議の盛り上がりを見つめながら、教育のことばの困難性について論じている。教育の現場で「子どもってすばらしい」ということばが輝いたり、躍ったりするとき、その輝きや躍動は、その時その場に立ち会った子どもたち、大人たちのなかでだけ新鮮に生き続けている。それがことばの海から吊り上げられて、「子どもはすばらしい」ということばとして一般的観念として他人に伝えられ後世に残されようとするとき、「教育臭い言説」に転化し、過酷な変質を開始するのだ、と(3)。

一方、小浜逸郎は、マスメディアに登場するおびただしい数の教育論を前にして、教育論の批評というスタイルをとりながら、問題とされる教育事象そのものよりも、教育事象を問題として論じる論じ方に着目し、「教育言説」ないし「学校言説」と捉えて検討している(4)。たとえば、病理的な教育事象に対して、理想的な理念を声高に掲げてみたり、その理念に対して別の理念を対置してみたり、そのようなことばのやりとりを繰り返しながら、実は学校教育に関する従来の暗黙の約束事や枠組みが崩れて大きく変化しているにもかかわらず、学校や子どもに関する紋切型の思い込みから抜け出せないまま、学校や子どもの世界を何ひとつ有効に掴みえていない、というように。この小浜の主張からは、以下のような論点を引き出すことができよう。

第一に、マスメディアに登場する教育論が構成してしまう教育現実像や教育理念像を無視することはできない。つまり、実際に存在するありのままの教育事実というよりも、むしろ多くの人によって語られたことばによって構成された現実の影響力である。それは世論の対象となり、ときには世論を主導し、ひいては教育政策や学校経営、教師の実践などを左右するからである。

第二は、教育をめぐる日常会話のことばと学術研究のことばとの関係である。前者を「日常言語」、後者を「研究言語」と呼ぶと、「古いことば」に呪縛されがちな日常言語に対して、研究言語は「新しい概念装置」を提供できているはずである。ところが、研究言語自体が古い日常言語の枠から抜け出せていない場合がある。一例を示すと、アンケート調査を実施するとき、アンケートの構成や質問文のなかで、無意識のうちに古い日常言語の発想に従ってしまい、実証方法の採用で教育事象を客観的に解明しているように見えて、実は揺れ動く現実を深く捉えていない、ということもありえる。逆にたとえば、教師 - 生徒関係の崩壊のなかで苦闘する教師が、現実を捉える新しい発想を実践現場での日常のことばとして使い始める場合だってあるだろう。それだけに、教育に関する言語のやりとりをメタレベルの課題として、教育事象の一つとして研究対象にすることが要請される。

2 「言説」という視角

さて、人文・社会科学の諸領域でさまざまに言及されている「言説」について、その意味を改めて説明しておこう。

「言説」の原語である「ディスクール discours」(仏語)「ディスコース discourse」(英語) は、談話・講義・論述・叙法・言語表現などと訳され、本来はことばによる思考ないし思想の伝達といった意味である。ただし、論述や学説が「言説」として扱われる場合、そこには独特の意味が込められている。「言説」研究に正面から取り組んだM・フーコーは、コレージュ・ド・フランス教授就任の開講講演のなかで、「言説の統制」過程に注目して次のように論じた。

或る事柄は一たび言われると、保存される。というのも、そこになにか秘密あるいは豊かさを人々は嗅ぎつけるからです。…あれこれの言説の間で一種の落差があることをうかがい知ることができる…消えゆく言説もあれば、それを繰り返し、変形し、またそれについて語る若干の新しいことばの源になるような言説もある。…われわれはそのような言説がわれわれの文化のシステムのなかにあることを知っています。宗教の、あるいは法律の原典がそうであり、「文学的」と呼ばれる奇妙なテキストも、そこにある規約からして、そうであり、科学的なテキストも或る程度までそうだと言えます(5)。

重要な点は、人々が「秘密あるいは豊かさ」を嗅ぎつけて「保存」されていく「言説」がもつ権威であり、強力な影響力である。保存されていく「言説」には、説得的な力をもち、それ自体を相対化して分析の手を加えることなど考えられないほど聖域化して自明視され、権威の源となり、人々を幻惑して呪縛させるような力、つまり「聖性」とでもいうべき性格が付与されていく。そうした性格をもつ言説と言語表現は、暗黙のうちに人々の認識や思考に関する自明で常識的な枠組みとなり、また行動の動機づけともなっていく。「発話の個人的欲求があるから言語活動があるのではなく、むしろ逆にはじめに言語活動がある」というJ・ボードリヤールの主張は、私たちが言語による支配あるいはことばの呪縛を受けていることに気づかせてくれる[6]。

ことばの支配や呪縛の問題を追究することは、一定の問題に関する諸論議について検討する場合に、議論の内容そのものではなくて、議論が立脚している言語化されたパラダイムや概念、理論ないし認識方法や価値観そのものを自己省察する営みである。時代の転換期には、それまで自明視されてきた思考方法や価値判断が根本から見直されるとすれば、思考や価値尺度を表現してきた言語と言語表現を問い直す作業を不可欠とする。また、言説論はイデオロギー論と重なる面をもつが、壮大で体系的な観念形態を扱うイデオロギー論とは異なり、言説はさまざまな問題領域での個々の細かな論述を対象化して、言説が形成され拡大されていく歴史過程や、言説諸機能などを多角的に検討するところに特徴をもっていると言える。

3 「教育言説」とそのはたらき

以上のような「言説」の考え方は、とりわけ教育論を検討するうえで不可欠である。教育にとってはことばが想像以上に大きな役割を果たすからである。教育の基本は、一定の学習目標が達成できるように、年少世代に対して年長世代が意図的にはたらきかける実践である。ここで重要なのは、教育言語のほとんどが「目標」や「目標達成」のための方法、さらには「目標達成」にとっての障害といった問題について論述していることであり、要するに「目標」に関わっていることである。しかも、「目標」は次のような性質をもっている。

第一に目標は一定の時間的経過をおいた将来の時点において、年少世代の各人がまだ実現していない状態をあらかじめ設定していること。第二にその目標は望ましい価値を示していること。第三に目標は言語で表現され、とりわけ学校教育に関する目標は文字で記載されること。法律条項から始まり、学習指導要領、文科省や教育委員会の通達、各学校の教育方針、校則、各クラスの年間・月間・週間目標に至るまで、すべてそうである。そこで、こうした諸性質は次のような問題をはらむことになる。

（1）識字のような基礎学習や進学準備の学習といった時間的に明確な時点での学習目標を別にすれば、「一定の時間的経過」と言ってもどれだけの経過を念頭に置けばよいのか、短期や長期が構想できるし、「まだ実現していない状態」だけに、その状態の内容も多様に設定することができる。

（2）教育は一定の目標達成を図る実践的な活動であるから、「教育言語」は事実命題以上に価値命題に触れざるをえない。教育研究のなかで事実命題と価値命題が混在するのは、科学としての未成熟さゆえだけではない。教育を論じることは、結局は価値に言及せざるをえないからである。ところが「望ましい価値」と言っても、保護者・学校・教師・教育委員会・教員組合さらには世間一般の世論やマスメディアなど、それぞれの立場からさまざまに設定することができ、一つの統一された価値に収斂させることは難しい。

（3）教育が言語化された目標を不可欠とする以上、教育実践ほど言語の支配を受け、ことばに呪縛される営みもない、と言える。もちろん、教育目標はその時々の社会的文脈のなかで言語化されるわけだが、記録された文言は時代や社会が変わっても独り歩きして使われていく。それだけに、その文言の解釈や評価は社会変化や世代交代のなかで多様な広がりをもつことになる。そしてまた、中村雄二郎も述べているように、言語表現とは、何かをそのまま表現するのではなくて、一方では何かを隠しながら表現している[7]。ことばそのものは、現実をありのまま表現しているというよりは、ある部分を表現しながら、同時にある部分を隠しているという、何らかの力関係が存在する。

以上のような諸問題をはらんでいるだけに、主として目標に関わる「教育言語」は曖昧性や不明確性といった性質を帯びざるをえない。ところが一方、学校教育目標は多くの人々の合意をえながら正当性を獲得し、人々がその目標に向かうように動機づけられるものでなくてはならない。そのためには、何よりもまず目標が法や公的文書のなかに記載されるという形式がとられること、そして同時に、記載された言語や言語表現が一般に広く受容されるような内容であることが必要である。その際に、目標に関する「教育言語」の曖昧性や不明確性、抽象性はかえってプラスにはたらくことにもなる。なぜなら以下のような理由が挙げられよう。

第一に多義的でいかようにも解釈できる目標は、より多くの人々が目標に接近することを可能にする。第二に目標が広く受容されるには、単なる現状分析に止まらずに、新しい魅力的な価値を付加する言語表現が求められる。第三に理想的で多義的で曖昧性が残る謎めいた「教育言語」の方が種々の議論を誘発させ、さまざまな教育構想を触発させて、人々の動機づけに訴える力を発揮するだろう。

ところで、新堀通也は「殺し文句」が教育の世界で頻繁に発せられるという日常の興味深い事象に注目した。「殺し文句」とは男女間または一般の人間関係において、相手の心を強く引き付けるような巧みなことばを意味するが、教師対子ども、校長対教員、教育委員会対教員組合などの教育に関わる相互の関係において、一定のことばが相手の行動を統制し支配するような作用を互いに及ぼし合うことがある。たとえば、「教育的配慮」「真の教育者」「個性の尊重」などと言えば、一定の行動を促す合いことばとなり、「それでも教師か」「管理主義教育」「教育の中立」などと言えば一定の行動を批判し攻撃し統制する合いことばとなる(8)。

新堀の指摘を教育言説の文脈に移し変えると、「殺し文句」とは、そのことばを発することによって権力関係を確認したり、権力関係を形成したりして、相手の行動を統制し従属させることに説得性をもたせて正当化するようなレトリック(修辞法)の一種であると言えよう。R・ブラウンも述べているように、レトリック本来の目的は「言語の使用と権力の行使との関係を説明」することにある(9)。したがって問題は、ことばそのものよりも、ことばの背後に存在する暗黙の了解や、教育にはたらく政治的力関係(ポリティクス politics)である。「暗黙の了解」や「政治的力関係」が言語とどのような関係をもちつつ、どのように形成され、また変化しているのか、などを検討することは、教育言説にとって重要な関心点である。

それでは「教育言説」の意味についてまとめていこう。「言説」という用語は実に多様に使われているだけに、「教育言説」もさまざまな定義が可能である。ただ、ここではこれまで指摘してきたような諸論点をできるだけ生かすかたちで、以下のように定義したい。

教育言説とは「教育に関する一定のまとまりをもった論述で、聖性が付与されて人々を幻惑させる力をもち、教育に関する認識や価値判断の基本枠組みとなり、実践の動機づけや指針として機能するもの」をいう[10]。

この定義についてはいくつかの補足的コメントが必要である。

(1)「一定のまとまりをもった論述」とは、仮に断片的なことばであっても、そのなかに教育について一定の主義主張が込められている場合も含まれる。そしてこの論述は、学術研究の叙述に限定されず、「日常言語」から「研究言語」、さらに「政策行政用語」までを広く包含するものとする。なぜなら、教育は家庭や地域などにおいて人々が日常的に関わる現象であり、国家や社会の成立に関わる制度でもあるからである。そして教育は意図的で実践的なはたらきかけであるから、教育に関する論述も、「教育に関する認識や価値判断の基本的枠組み」だけでなく、同時に人々の「実践の動機づけや指針として機能する」ものでなければならないからである。

（2）「聖性が付与されて人々を幻惑させる力」をもつ、というのは、言語がもつ序列性ないし権力性に由来している。この性質は、M・フーコーが論じたような「言語の統制」過程から生まれる。その提案に沿って考えると、教育分野においても、いくつかの言説がせめぎ合い、そのなかで強力な言説がどのように定着していくのかということが興味深い問題である。特に「聖性」を強く帯びた教育言説は宗教教義のような性格をもち、それ自体についての分析的批判的論議がタブー視されるようになり、教育に関する認識や価値判断の自明の枠組みとなり、教育実践の動機づけや指針として機能する。

（3）教育言説はさまざまな場で発せられる。一方では身近な暮らしの場で「児童虐待と言われても、それは躾である」といった発言がなされて一定の支持を得ているし、他方では学校教育の進むべき方向性を与える教育政策の場でも多様な基本用語が発信されている。特に2010年代以降になって、学校教育の在り方や教師教育の在り方をめぐって中央教育審議会（以下、「中教審」と略記）の答申が相次いで出されるに至った(11)。そこで用いられた用語は「教義化された教育言説」として位置づけることができよう。「学び続ける教員」「アクティブ・ラーニングの視点」「主体的・対話的で深い学び」「チーム学校」などである。いずれも見聞きするだけで心地よい響きを帯びており「教育実践の動機づけや指針」になりそうで、そのことばだけで賛同してしまうような言語表現である。しかし、立ち止まってそれぞれの意味を広く深く問い直す努力をしてみると、多様な議論の余地があることに気づくだけに、典型的な教育言説であると言える。

（4）そこで、「教育言説」を検討していくには、以下のようにさまざまな課題が伴ってくる。

①一定の教育言説がいつごろ創出され、その創出者は誰であり、どのような機関や組織であったか。
②それに対する別の「対抗言説」が誰（何）によってどのように対置されたか。
③せめぎ合う教育言説が、どのようにしてマスメディアなどで取り上げられ、流通し広がっていったか。
④教育言説は、立法や行政、司法にいかなる影響力をもたらしたか。逆に立法や行政、司法が教育言説の教養化にどうはたらいたか。
⑤教育言説は、どのような教育実践をどのように導き出したか。
⑥教育言説の教養化において、学問はいかなる役割を果たしたか、など。

もちろん、これらの諸問題は相互に関連し合っている。たとえば、①②の過程で⑥も随伴しているし、④が⑤を生み出すこともあれば、⑤が④に影響力を与える場合もある、などなど。

以上、教育を語る際のことばの使い方になぜこだわるのかについて、その理由を多岐にわたって述べるとともに、教育言説の仕組みについて論じてきた。そこで次に二つの対照的な事例を取り上げて、教育言説の視点から読み解いてみたい。一つは価値ある教育目標を掲げた「心の教育」である。誰もがすぐさま賛同し、教育の大事な目標の一つを示す美しい文言であるが、よく考えるとそれほど明確でなく曖昧な表現であり、深く掘り下げて検討してみる余地がある。もう一つは現在では強く批判されるようになった体罰について、今もなお密かに口にされる「体罰は必要だ」という意見に注目したい。いわば正統派の体罰否定論に対して、なお隠微な影響力を発揮して体罰肯定をささやく陰の「対抗言説」だと言える。

【注】

（1）村井実『教育学入門』〔上下〕講談社学術文庫、1976年、第2部第1章。
（2）菅野盾樹『いじめ＝〈学級〉の人間学』新曜社、1986年。
（3）見田宗介『現代日本の感覚と思想』講談社学術文庫、1995年、第2部、19。
（4）小浜逸郎『症状としての学校言説』JICC出版局、1985年。
（5）M・フーコー『言語表現の秩序』〔改訂版〕中村雄二郎訳、河出書房新社、1981年、23～24頁。
（6）J・ボードリヤール『記号の経済学批判』今村仁司・宇波彰・桜井哲夫訳、法政大学出版会、1982年、72～73頁。
（7）中村雄二郎「言語表現とは何か」M・フーコー『言語表現の秩序』〔解説〕河出書房新社、1981年、
（8）新堀通也『「殺し文句」の研究』理想社、1985年。
（9）R・H・ブラウン『テクストとしての社会――ポストモダンの社会像』安江孝司・小林修一訳、紀伊国屋書店、1989年、122頁。
（10）この定義は最初、今津孝次郎「教育言説としての『生涯学習』」『教育社会学研究』第54集、1994年、47頁で発表し、その後も今津孝次郎・樋田大二郎編『教育言説をどう読むか』新曜社、正編1997年、12頁、同続編2010年、9頁で、そのままの文言で掲げた。この定義は今日まで20年以上にわたって各方面で引用され、批判も代案も出されていないので、「教育言説」の定義として定着したと判断される。
（11）中教審答申「教職生活の全体を通じた教員の資質能力の総合的な向上方策について」2012年8月、同「これからの学校教育を担う教員の資質能力の向上について――学び合い、高め合う教員養成コミュニティの構築に向けて」2015年12月、同「チームとしての学校の在り方と今後の改善方策について」2015年12月、同「幼稚園、小学校、中学校、高等学校及び特別支援学校の学習指導要領等の改善及び必要な方策等について」2016年12月。

2 「心の教育」という言説

1 「少年A」事件と社会の動揺

「心の教育」という文言が声高に叫ばれたのは1990年代末から2000年代前半であった。たしかに、このことばは美しい響きをもち、誰もが賛同する。このことばを否定する人はいないだろう。しかも、青少年による凶悪な犯罪が生じた場合、多くの議論が飛び交うなかで、犯罪加害者の「心の闇」がまず指摘されて、そして「心の教育」に行き着いては結論を得たかのように、論議はそこで停止してしまう。

しかし、「心」とは何であるか、「心の闇」とは何であるか、「心の教育」とは何を意味するか、「心の教育」はどのようにして実践するのか、という具体的な内容に踏み込むと、途端に曖昧模糊としてくる。それにもかかわらず、このことばは問題解決の切り札のように持ち出される。聖性を帯びて人々を幻惑させるという言説の特徴をもつことばが「心の教育」なのである。逆に言えば、「心の教育」を呪文のように繰り返すほど、実は議論が空転し、問題の核心には及ばず、解決の方向にも踏み出せないということになる。そこで、そうした悪循環を断ち切り、一歩でも問題や問題解決の核心に近づけるように、「心の教育」言説を読み解いてみたい。

「心の教育」なることばが広く用いられるきっかけになったのは、1997年に神戸市須磨区で起こった連続児童殺傷事件であった。2月に小学6年生女児二人を鈍器で殴り負傷させ、翌3月には小学4年生女児二人を殺傷、そして5月には小学5年生男子を殺害するという、まったく例を見ない凶悪事件である。神戸新聞社に送りつけられてきた「犯行声明文」の差出人名から「酒鬼薔薇聖斗」事件とも呼ばれる。5月の殺害事件から1ヵ月後に犯人が逮捕されるが、それは大方の予想を裏切り、まだ中学3年生の少年であった。

犯人は「少年A」と呼ばれるようになる。14歳による凶悪事件に社会全体が大きな衝撃を受け、人々がどれだけ動揺したかについては、当時の連日に及ぶ大々的なマスメディア報道に如実に現われている通りである。なお、逮捕された少年Aは神戸地検の捜査の結果、7月に神戸家裁に送致された。3ヵ月に及ぶ審判により、責任能力を認めたうえで保護処分が相当と判断され、精神医学的な治療を受けられる医療少年院送致とする決定が下された。

少年Aの逮捕後すぐに、兵庫県教育委員会と神戸市教育委員会は「心の教育緊急会議」を立ち上げた。そして、3ヵ月後には、当時の小杉文相が中教審に「幼児期からの心の教育の在り方」を諮問する。自治体と国の教育行政が「心の教育」をキーワードにして事件に即応したのである。つまり、「心の教育」は、少年Aのような犯罪を二度と出さないための予防教育が目的であった。

そうであるならば、①事件の解明、②事件と「心の教育」がどう関連しているかの明確化、③「心の教育」の意味・内容・方法の検討、といった基本的な諸事項が審議されてしかるべきであった。ところが、警察と検察による捜査があり、家裁による審判が継続中であるということがあったにしても、また個別事件と一般的な「心の教育」とは次元が違うということがあるにしても、事件と「心の教育」との関連については脇に追いやられ、ただ「心の教育」そのものの議論が展開されていった。これでは類似の事件の未然防止のためというよりは、社会の動揺を抑えるための緊急措置として、言ってみれば精神安定剤のように「心の教育」が持ち出されたとしか言いようがない。誰もが賛同するであろう美しいことばは、まさにうってつけだったのではないだろうか。

諮問から1年後の1998年7月、中教審答申「新しい時代を拓く心を育てるために」が提出された。答申内容の特徴は次の三点にまとめられる。

第一に国の審議会が従来は控えていた家庭への提言を積極的に盛り込み、「家族一緒の食事の大切さ」「父親の育児参加の重要性」「幼少期から間違った行いは正す」などと言及した。

第二に「正義感・倫理観や思いやりの心」「社会全体のモラル低下を問い直す」から始まり、家庭・地域社会・学校それぞれについて指摘されている事柄はそれほど目新しくはなく、従来言われてきたものを網羅したにすぎない。

第三にそれらのほとんどは道徳教育に関わることで、より深い「心の教育」に踏み込んではおらず、ましてや少年A事件を真正面から受け止めた内容にはなっていない。

第一の点については国が家庭のなかに入り込むべきではないという批判も出されたが、少年A事件の後では、それも強い論調にはならなかった。そして、教育言説の観点からすれば、第二・第三の点が奇妙に感じられるのであるが、それらについてはまったくと言ってよいほど論評されていない。正直言って、これで「心の教育」なのか、と戸惑いと疑問を感じる内容構成だったのである。

2 「心」「魂」「心の教育」

この中教審答申から4年後、文科省は「補助教材」として『心のノート』を1200万部制作して全国の小・中学校に配布した(1)。「心」をテーマにした「補助教材」(教科書や副読本ではないと断わっている)を一斉に配布するというやり方自体が、きわめて異例である。多額の経費をかけたこの教材がどれだけの学校で実際に使用され、いかなる授業がおこなわれたか、それよりも何よりも、教師一人ひとりが「心の教育」をどのように理解しているのか、についてはつまびらかではない。この教材一斉配布に見られるように「心の教育」を徹底化させるのであれば、まずは少年A事件(具体的な事件そのものでなくても、事件から一般化された生命や死などの諸課題)をどう受け止めるのかという論点が不可欠のはずである。なぜなら、この事件によって「心の教育」が開始されたのだから。ところが、『心のノート』にこの論点を見つけることは難しい。たとえば中学校版を見てみよう。

冒頭の頁は「心で見なければ本当のことは見えないんだよ」という有名な『星の王子さま』(サン・テグジュペリ作)のことばで始まる。ところが、せっかく「心の教育」にふさわしいことばで始まりながら、その後は基本的生活習慣、「少年よ　大志をいだけ」(クラーク博士)で示される人生目標、個性、礼儀、思いやり、友情、大自然、生命の有限性、法やきまり、正義、集団、など多様な事項が続き、最後は「我が国を愛し　その発展を願う」「世界の平和と人類の幸福を考える」で結ばれており、冒頭のことばはその後貫かれてはいない。領域の異なる多くの課題事項が、雑多に羅列されているだけである。せっかく「生命の有限性」が取り上げられていながら、ほんの少し触れられているだけであって、生と死をめぐる議論の発展性もない。したがって、全体の内容は「心」の教育にまで掘り下げられた内容になりえていないと感じられる。肝心の「生命の有限性」を機軸にして全体の内容を系統的に編集することも可能であるのに、そうした編集方針は発想の埒外にあったようだ。

要するに、この『心のノート』の内容は、心の教育に関する補助教材というよりも、道徳や倫理に関する副読本と言った方がふさわしい。「道徳教育」と銘打てば反発が返ってきやすいので、多くの賛同が得られやすい「心の教育」で言い換えたのではないかとさえ思えてくる。なお、事件から約20年を経て、道徳は新たに「特別の教科」として設定されるに至ったが、この「心の教育」がはらむ問題はなお残されたままである[2]。

さて、事件後に「心の教育」へ踏み出そうとしながらも、かえって混乱してしまったというのが当時の流れであったように感じられる。では、なぜ混乱してしまったのか。それは「心」の捉え方が曖昧だからである。もちろん、「心」は捉えにくく、厳密な定義は困難であるから、むしろ曖昧な部分のある方が逆に「心」そのものに近づくことができるのだという意見もあるだろう。しかし、そのような捉え方で「心の教育」という表現を謳ったとき、それは凶悪事件で衝撃を受けた人々に一時の気休めを与えるだけの、あたかもそれで問題解決できるかのように幻惑させるような教育言説になっていくのではないだろうか。

中教審答申といい、『心のノート』といい、それらの内容は「心」と言っても基本的生活習慣から始まり、生活目標、規範意識、集団帰属性などが対象であり、周辺的事項ばかりが挙げられている。「心」はあくまで個人の内面の世界であるはずなのに、言及されているのは集団や社会の側の諸問題に力点が置かれている。もちろん、教育が個人の心のなかまで意図的に立ち入るのは控えるべきだとの主張があるだろう。しかしそれならば、わざわざ「心の教育」などと銘打って、声高に叫ぶ必要はない。

では、捉えどころのない「心」の世界に一歩でも接近する方法はないのだろうか。そして、そのことによって、少年Aが陥ってしまった悪の世界を解き明かすことはできないのであろうか。言うまでもなく、「心」は古来、世界の哲学や評論、文学などさまざまな分野で頻繁に論じられ、描かれてきた馴染み深いテーマである。それら多くの成果のなかでも著名な、アリストテレス『心とは何か』を取り上げてみよう[3]。このギリシャの哲人が真正面から取り組んだのが「プシュケー psyche」であった。このことばは一般に「魂」や「霊魂」と訳され、英語では soul である。アリストテレスはプシュケーと身体や感覚との密接な関係に着目しながら、感情や意思、思惟について包括的に論じており、魂が身体から独立して死後も滅びないとされている考えとは異なる。そこでプシュケーは広く、「心」と訳した方が適切である。そして、アリストテレスが「心」を考察するうえで、その本質と属性を区分したり、「心」が分割できるかを問うたりする思考法から一つのヒントを得ることができる。「心」を分解するとどうなるかという問題である。

その問題について参考になるのは、少年A事件が起こったのとちょうど同じ年にアメリカで出版されたアンソロジー『心の教育 *The Education of the Heart*』である。書名がまさに「心の教育」というところが、ここでのテーマとぴったりと重なる。アメリカの宗教学者であり心理学者であるT・ムーアは、このアンソロジーを編集する目的を次のように述べている(4)。「現代の大きな問題の一つは多くの人々が学校教育を受けて(schooled)いながら、教育はほとんど受けて(educated)いないことである」。そこで「我々の心を教育する educate our hearts」ことが重要である、と。そして、ムーアが「心」の核心として特に注目するのが「魂 soul」である。「魂」とは、宗教や信仰に関わって語られてきただけに定義が難しいが、より深層にあるもので、私たちの熱情やアイデンティティ、さらに生命活力の源である、とムーアは言う(5)。

そこで「心 heart」を分解してみよう。ムーアは「心」の中核に「魂」の領域があると捉えた。そうすると、「心」には複数の領域があり、それらが表層から深層へといくつかの層をなしていると想定することができる。その層構成を以下の三つのレベルとして提起したい(表I－1)。表層部分に「X 規範・価値意識」があり、中層に「Y 感性・情動」、そして深層部分に「Z 魂」があると考えたい。もちろん、XとY、そしてYとZは相互に浸透し合っている。価値を見出したときの感動とか、魂が洗われるような情緒的体験、などを浮かべるとよい。そして、言うまでもなく表層は捉えやすく、経験科学的に接近しやすいのに対して、深層は捉えにくく、経験科学的にも接近しにくい。

少年Aの信じ難い犯罪行為はどこから生じたのか。Xが形成されないか、ないし解体したからか、あるいはYの不安定さゆえか、それともZが未熟、ないし壊れたからか。事件の大きさから言っても、おそらく表層レベルの問題ではなくて、深層レベルの問題性を問うのが妥当であろう。とりわけ、「魂」の在りように目を向けてみる必要がある。少年Aの「心」の深層部分の問題点については、次節で検討したい。

さて、X～Zの三つの層を想定すれば、「心の教育」には二通りの捉え方を区分できることになる。まずXとYだけでZを除くのが①狭義の「心の教育」で、表層と中層に限った「心」の捉え方である。次に深層のZを中心に据えてXとYのすべてを対象にする②広義の「心の教育」が考えられる。そうすると、中教審答申や『心のノート』に示されているのはあくまで①狭義の「心の教育」で、しかもXに力点が置かれ、道徳教育に近いことが分かる。

表1－1 「心」の諸層

X	規範・価値意識	表層
Y	感性・情動	↕
Z	魂	深層

道徳教育の中心は表層部のXであり、それに若干のY層が付け加わったもので、Z層が対象となることはまずないと言ってよい。他方、少年Aが突きつけたのは深層Zに潜む問題性であったと思われる。「心の闇」としばしば呼ばれたのも、ZないしYの領域を指しているであろう。したがって、少年A事案は②広義の「心の教育」を要請しているにもかかわらず、同種事件の未然予防を目論んだはずの「心の教育」政策は、それに応えない①狭義の内容となってしまった。政策目的と政策内容とが完全にずれている。そうなってしまったのはなぜだろうか。

第一に少年A事案を結局は正面から受け止められずに、一般的な「心の教育」を展開するに止まってしまったこと。「心の闇」などという軽薄なことばの流通で済まされてしまったこともそれを物語る。第二に「魂」に触れることは、生と死の問題を論じざるをえない。しかも、それは必ず宗教の世界に触れることになる。ところが、宗教系私学は別にして、国公立学校はもともと宗教に触れることを避ける傾向にあり、X規範や価値意識は教育してもZ魂までは手を出さないのが一般的である。

挙げておこう。

「教育基本法」は国公立学校での「特定宗派教育」を禁止しているが、いわば「知育としての宗教教育」は否定していない。念のために旧法（１９４７年制定）と改正法（２００６年制定）の該当条文を

旧法第９条　宗教に関する寛容の態度及び宗教の社会生活における地位は、教育上これを尊重しなければならない。

２　国及び地方公共団体が設置する学校は、特定の宗教のための宗教教育その他宗教的活動をしてはならない。

改正法第15条　宗教に関する寛容の態度、宗教に関する一般的な教養及び宗教の社会生活における地位は、教育上尊重されなければならない。

２　旧法９条と同じ

国公立学校の教師は従来、第２項にばかり気をまわし、宗教教育すべてが禁止されているといった受け止め方をしてしまって、第１項をおざなりにしていたのであろう。宗教を扱うのは及び腰であったし、今も多くの国公立学校でそうである。「心の教育」を謳う場合でも、宗教教育を念頭に置くことはまずないはずである。『心のノート』にも宗教への言及はない。ただし、生と死については２０００年代に入ってから、国公立学校を含めて特に関心を寄せる熱心な教師のもとで、「デス・エデュケーション」（生と死の教育）やいのちの授業といった形態で、さまざまな授業が全国でおこなわれる

ようになった。問題は、そうした授業で「魂」の領域が扱われているかどうかである。

もちろん、「魂」や宗教は学校教育の枠を超えるもので、それは宗教組織が取り上げるものであって、学校教育が扱う必要はない、という立場があるだろう。それも一つの考え方であろうが、ここで主張したいのは、「心の教育」を標榜する限りは、「魂」や宗教を避けて通れないということである。この点を避けるのであれば、わざわざ「心の教育」を謳う必要はなく、「道徳教育」で十分である。ところが①狭義の「心の教育」という使い方をするものだから、道徳教育と重なり、かえって「心」の把握を曖昧にし、ひいては少年A事案の核心に触れることも弱くなったのではないだろうか。

3 「心の闇」と「攻撃性」

ところで、少年Aの犯行動機については理解し難いだけに、「心の闇」ということばで語られ、「14歳」も脚光を浴びたが、これらのことばでは何も明らかにできてはいない。その後も未成年の凶悪犯罪が起こると、決まって「心の闇」が語られる。何も明らかにできないことばではなく、少しでも核心に接近することばを用いてみたい。それは人間諸科学にとって主要概念の一つである「攻撃性aggression」である。「攻撃性」に関する欧米の研究は実に活発であるが、日本ではきわめて低調であった。それが少年Aの事件をきっかけにしていくらかでも増加傾向を示した。それだけに、「心の闇」は以下のような問いの文章に置き換えることができよう。

青年前期（思春期）にある少年Aがなぜ連続殺傷事件を起こすという激しい攻撃性を呈したのか。

「青年前期（思春期）」という用語については第Ⅲ部1で詳しく説明するが、特にこの時期にはいじめや校内暴力、非行、家庭内暴力などの攻撃性が暴発しやすい。欧米の心理学研究でも、男子の攻撃的行動が13歳から16歳にかけて増加する傾向が指摘されている(6)。少年A事件は稀有な事案だとはいえ、そこにはこの時期の心の深い理解や犯行に至るまでの軌跡を解く鍵が隠されているのではないか。少年Aは犯行声明文に「透明な存在」と記した。おそらく自分自身のことがまだよく分からないことを暗示した表現であろうが、「透明な存在」という少年Aの現実に少しでも近づくことはできないか。

以上のような問いを解くために、「攻撃性」について今少し説明しておきたい。攻撃性は個人の特定行動の心理的特性を指しているから、主として心理学や精神医学で研究されてきた。『新社会学辞典』の「攻撃性」を執筆しているのも精神科医の福島章である。そこでは、攻撃性は次のように定義づけられている。

怒り・敵意・憎しみ・不満・怨恨などに基づいて、他者・自己・その他の対象や物を破壊し、傷つけ、恐れさせ、殺すなどの行動を起こす、その根底にある人間の本性を攻撃性という(7)。

一方、心理学では人間の本性というよりも、攻撃性は学習されるという側面を強調する。たとえば『発達心理学辞典』では、次のような記述部分がある。

攻撃的感情を喚起する刺激と攻撃パターンのほとんど、および攻撃を統制できる程度は、学習により獲得されると考えられる[8]。

個人の特定行動の心理とはいえ、攻撃性は家族や仲間集団、学校、地域社会、そして情報空間などに位置づけられないと、解明することは難しい。したがって、攻撃性研究は社会心理学的な性格を帯びてくる。そして、実証的な研究というよりも、理論的・理念的な本格的「攻撃性」研究を展開したのが、S・フロイトの系譜を引く社会心理学者であり社会思想家であるE・フロムであった。フロムは「攻撃性」ないし「攻撃的」ということばへのこだわりから出発する。このことばの辞書的な意味には肯定的な側面がある。フロムによれば「攻撃的 aggressive であるということは、aggressing という本来の意味では、ある目標を目指して過度のためらいや疑いや恐れをもたずに前進すること」である[9]。この前進は、自己主張的攻撃や自己防衛的攻撃に現われる。

前進し、障害物を乗り越える能力をもつことは、生物学的に必要なことである。しかしこのこと自体は敵意を持った、あるいは襲撃的な行動ではなく、それは自己主張的攻撃なのである[10]。

このように、生命の保存を軸にした自己主張的・自己防衛的で肯定的な攻撃性をフロムは「良性の攻撃」と呼び、生命活動に適応した自己主張でもなく、自己防衛でもなく、道徳的抑制を欠いた破壊的でサディスティックな攻撃を「悪性の攻撃」と名づけた。後者は戦争の破壊が典型的であり、「無慈悲で無差別な殺人と拷問の記録であって、その犠牲者は男であり、女であり、子どもであった」。

そしてナチスによるユダヤ人の大量虐殺を見れば、「悪性の攻撃」を明確に理解することができる、とフロムは主張する。そこで、この二つの攻撃性概念を借りると、青少年の攻撃性は以下のように理解することができよう。

急速な成長発達途上にある時期は、誰もが前進するという意味での攻撃性を帯びている。ただし、彼らを取り巻く家庭や仲間集団、学校、地域、情報空間の条件次第では、その攻撃性が、「良性の攻撃」として現われることもあれば、「悪性の攻撃」に転化して暴発することもあるというように、双方に揺れ動く攻撃性を設定してみる。そうすると「悪性の攻撃」が暴発する際の個人心理の状態もさることながら、「悪性の攻撃」への転化を抑止する社会的装置の在りようが注目される。言い換えれば、なぜ悪性の攻撃が起きるのか、そしてなぜ起きないのかを検討することが重要である。その解明によって「悪性の攻撃」の転化過程が逆に明らかになり、「心の闇」へ一歩踏み入れることが可能になるだろう。フロムに基づく攻撃性については第Ⅲ部1でさらに検討したい。

4　少年Aの軌跡と「心の教育」

少年Aは三人兄弟の長男に生まれた。Aの生い立ちや事件をめぐる家庭状況については、Aの両親が直接語った記録『「少年A」この子を生んで……』と、関係者の聞き取りをまとめた事件のドキュメント『「少年A」14歳の肖像』が貴重な資料である[11]。そこでこれらの資料から、Aとその行動の主な特徴を四つ抽出して、それぞれの概要を紹介しよう。そして、そこから一般化した論点を〈 〉

内に示してみたい。

（1） 暴力の連鎖

Aの「精神鑑定書」には次のように書かれている。

家庭における親密体験の乏しさを背景に、弟いじめと体罰との悪循環の下で「虐待者にして被虐待者」としての幼児期を送り、「争う意志」すなわち攻撃性を中心に据えた、未熟、硬直的にして歪んだ社会的自己を発達させ、学童期において、狭隘で孤立した世界に閉じこもり、なまなましい空想に耽るようになった。

つまり、相次いで生まれた二人の男の子に母親の手が取られたことへの反応なのか、Aは弟たちをいじめるようになったが、母親はAを体罰で厳しくしつけた。虐待という暴力のなかで育ったことが、生き物や幼い子どもへ暴力が向けられていくことになる。〈そこにあるのは、暴力環境で育った子どもは暴力行為に走るという暴力の連鎖である。〉

（2） 祖母の死の衝撃と死への関心の高まり

父親は無口で物静かであったが、急に怒り出すことがあって、怖いだけの存在であった。厳しいしつけで君臨する母親よりも大切な家族は、Aを大事にしてくれた祖母である。小学校5年生になったばかりのとき、祖母が亡くなったことにショックを受ける。「検事調書」のなかでAは次のように言っている。

家族のことは別に何とも思っていないものの、僕にとってお祖母ちゃんだけは大事な存在でした。……僕からお祖母ちゃんを奪い取ったものは　死　というものであり、僕にとって死とは一体何なのかという疑問が湧いてきたのです。

〈Aでなくてもこの時期に湧き起こるその疑問はごく自然なものであり、「生と死の教育」の重要性を持ち出すまでもなく、大人はその疑問に応える必要がある。ところが、Aの家庭でそうした対応がとられたという形跡はない。〉

(3) 小動物の虐待から児童への暴行、さらに児童殺傷へ凶暴化

祖母の死後、死とは一体何かに対して疑問を抱くようになったAはナメクジや蛙を解剖し、さらに野良猫を繰り返し殺すに至るが、親はそうした行為に気づかなかった。野良猫の殺害レベルで対応がとられておれば、幼い子どもの殺傷へとエスカレートすることは防げたかもしれない。しかし、異常な攻撃性を抑止する手立てが図られない場合は、その攻撃性は肥大化していく。

〈この点について以下の補説が必要である。大人が青少年の行動や考え方・感じ方に対してすべて「非許容」であれば、青少年の反発を呼ぶのはすぐに理解できる。他方、すべて「許容」することも

大人への不信感と子ども自身の全能感を生み、攻撃的になることは見落とされている。この点について精神分析家のA・ストーが論じた内容は第Ⅲ部1で触れたい。〉

(4) 邪悪な神の想定

Aは犯行ノートをつけていた。しかも、自分で勝手に作り上げた神に告白するという形式をとっている。

H9・3・16 愛する「バモイドオキ神」様へ 今日人間の壊れやすさを確かめるための「聖なる実験」をしました。・・・。

夢に現われたという「バモイドオキ神」は、Aにとって信頼できる唯一の存在だったという。Aはその邪悪な神の絵も描いているが、本や雑誌、ビデオなどから集めてきた断片的知識に基づく粗雑なイメージ図である。邪悪な神を想定し、その神に報告するというかたちで犯行が重ねられるということは、Aの心の最も奥深いところで変化が生じていたことを物語る。

〈死への関心にしても神の世界との接触にしても、問題は単なる表層的「心」ではなくて、より奥深い部分にある「魂」の領域に存在していたと言うべきであろう。民俗学者の牧田茂によれば、タマシイとは霊魂を表わす古語であるタマの作用を意味する。そしてタマは世界の中核と考えられ、他界にあるタマがこの世に下りてきて、この世のあらゆるところに存在し、そのタマがまたあの世に還っていくという日本人の死生観を成している[12]。日本文化の長い伝統のなかにあるこの死生観は、今日の変動社会のなかでもまだどこかに残っているはずである。タマという観点からすれば、Aの場合は「心が壊れた」というよりも、「魂が歪み、育たなかった」というべきかもしれない。それを「心の闇」と済ませてしまえば、「魂」の部分に蓋をしてしまうことになる。もちろん、奥深い「魂」の様子を理解することは容易ではないし、ましてや経験科学の対象にもなりにくい。それにもかかわらず、「Aの『心』に何が生じたか」ではなくて、「Aの『魂』に何が生じたか」と問うことが求められているのではないか。〉

以上、少年Aの軌跡に見られる特徴を四点整理した。それらを総合して、「心」の諸相や「心の教育」の観点からさらに議論を展開してみたい。

人の死を意識し始めるなかでの「魂」の世界との出会いはAだけでなく、青少年期一般に共通する重要な課題である。宇宙のなかの人間存在、生命の有限性やいのちの価値・尊厳・慈愛、生と死など、Aが向き合った「魂」の世界に関して大人は積極的に対話し、助言し、ないし共に考えるべきであるし、Aが自分勝手に作り上げて挑戦的に突きつけてきた邪悪な神に対しても大人は回答や指示を与えねばならない。そうでないと少年A事件を克服し、同様の事件を未然に防ぐことはできないはずである。

Aは最初から殺人を犯したのではない。祖母の死に衝撃を受け、死に関心を抱き、ナメクジや蛙を解剖し、さらに野良猫を繰り返し殺すという、小学5年生から中学2年生にかけて4年ほどに及ぶ前段階があった。それは青年前期（思春期）の自然な発達的特徴と言ってよい。しかも、「心」というよりも深層の「魂」の領域に大きな変化があったことを物語るサインである。Ａの異常に気づいて介入することは十分に可能であった。少しでも介入できておれば、「悪性の攻撃」の暴発を防ぐこともできたはずである。

さらに言うと、「悪性の攻撃」に転化しないためには、それを抑止する社会的装置が必要である。たとえば、①子どもに愛情を注いで安定性と信頼感をもたらし、日常的生活リズムをはじめ、メディア接触のルールなど基本的生活のしつけをおこなう家族、②フラストレーションを遊びで解消する仲間集団、③集団生活の規律とソーシャルスキルを教える学校、④警察による法的統制、など。そうした社会的装置が十分に機能しないと、「悪性の攻撃」への転化が生じやすくなると考えられよう。

以上のように眺めてくると、「心の教育」を広い立場から捉え直すことが必要となる。第一に、それはもっぱら学校教育の課題として論議されているが、学校教育だけで実現できるものではない。家庭や地域そして情報社会全体が共に担うべき課題である。第二に規範や価値意識を伝えるだけのものではない。深層の「魂」の領域を見落とさずに、青少年の「魂」の形成や「魂」の揺らぎにどう関わるかの課題意識が不可欠である。第三に「心の教育」を精神的なはたらきかけの活動だけに閉じ込めてしまわないで、はたらきかけを支援する①～④のような社会的装置が求められる。

これら三つの留意点からすれば、流布する言説「心の教育」は、全体としてきわめて矮小化されていることに気づく。それにもかかわらず、誰もが賛同し、重要だと考え、当然のことであるかのように「心の教育」が叫ばれていくことが奇妙であると言うほかない。そこで、「心の教育」が矮小化に陥らないための新たな方向性を模索するために、近年になって全国の学校で実践例が出されるようになってきた「デス・エデュケーション」について、「心の教育」の新たなプログラムとして捉え直してみたい。特に「デス・エデュケーション」に注目する理由は、それが「魂」の領域と接点をもつからであり、これまでの「心の教育」言説を克服できるのではないかと期待されるからである。「デス・エデュケーション」が「心の教育」の対抗言説として登場したというわけではない。それは「心」の文脈ではなくて、「死」の捉え方から生まれたからである。しかし、「心の教育」の曖昧性や粗雑性からすれば、結果として一種の「対抗言説」として位置づけられると考える。

5 「心の教育」としてのデス・エデュケーション

「デス・エデュケーション death education」は、1960年代のアメリカで大学に講座が生まれ、1970年代からは小・中学校でも授業がおこなわれるようになった教育プログラムである。ともすると、死がタブー化されやすいことに対して、末期ガン患者などのターミナルケアが注目されるなかで、あえて死の問題から目を逸らさずに直視していこうという新たな取り組みである(13)。日本ではこの英語を訳す場合に二つの訳し方があるが、そこには対象者や教育内容の違いが認められる。

第一は「死の教育」または「死の準備教育」という訳語である。この場合は、一方では医療者や看護者を対象とし、病いや死についての意味や死生観、生命倫理、死にゆく者との関わり方などについて学ぶ。他方では、高齢者一般やターミナルケアの患者またはその家族を対象とし、死生観やクォリティ・オブ・ライフ（生命〔生活〕の質）、死にゆくことの心理、生命倫理、死と宗教などについて学ぶ。

第二は「生と死の教育」という訳語である。この場合は、子どもや青年、成人も含めて各ライフステージにいる人々を対象に、草花や動物の死の体験や、絵本や小説、評論などに描かれた死に関する理解、死生観や肉親の死に対する悲嘆などを通して経験的に学ぶ。さらに出産について知ることなどを通じて、「いのち」の教育全体へと広がっていくこともある。「生と死の教育」と意訳してあるのは、死を通して生の意義を捉え直す教育という肯定的で幅広い意味合いをもたせているからである。

日本では1980年代半ばからデス・エデュケーションに関する単行本が少しずつ刊行されるようになったが、それはまだ「生と死の教育」の提案という問題提起的なレベルに止まっていた。それだけに注目すべきは、学校でのデス・エデュケーションの実践記録が2000年前後から相次いで刊行されていることである(14)。実践の舞台は公立小・中・高校やキリスト教系ないし仏教系の私立高校であり、授業枠としては現代社会や倫理、家庭科あるいは総合的学習である。いずれの実践も死を通じて生を捉え直すという明確な目標で共通しており、また実践内容は「いのちの学習」への広がりを見せている。ただし、それらはあくまで個別授業の先進的な実践であって、学校全体の組織的取り組みとして展開されているわけではない。つまり、社会が依然として死をタブー視している反映でもあろう。そうした風潮のもとでは、いのちは無限に続くとイメージされたり、宗教への関心が薄かったり、「心」が表層的にしか捉えられずに深層の「魂」が話題にならなかったりする。とはいえ、日本でも徐々にデス・エデュケーションへの関心が広がってきた。それは何を意味するであろうか。

まず、わずかずつでも死の「脱」タブー視が広がりつつある。ターミナルケアが知られるようになり、脳死をはじめ安楽死ないし尊厳死をめぐってさまざまな意見が交わされ、自分のいのちの終わり方についての意志表明をあらかじめ文書で指示しておく「リビング・ウィル living will」を用意する人々が出てくるようになり、他方では映画やテレビのなかに蔓延するヴァーチャルな死が批判的に論評されるなかで、現代社会の死の在りようが身近な課題として日常的に対象化されるようになってきている。

次に、死の対象化の結果として人生の有限性の再認識も見られる。大災害で多くの死者が出るような現実に直面したとき、有限性に立脚する認識への転換を余儀なくされる。『心のノート』を取り上げた際に、「生命の有限性」を機軸にしてその全体内容を系統的に編集することも可能であったのに、と批判的に評したのも、この点と関わる。

少年Aの軌跡に立ち返ろう。Aは小学校5年生になったばかりのとき、大切な祖母が亡くなったことに衝撃を受け、「僕からお祖母ちゃんを奪い取ったものは　死　というものであり、僕にとって死とは一体何なのかという疑問が湧いてきたのです」と後に検事に語った。当時のAに必要だったのがデス・エデュケーションであったと言ってよい。それは、「魂」領域を除外した「規範・価値意識」といった「心」の表層レベルで解明できるものではない。デス・エデュケーションは青少年にとって「いのち」を問い、有限の人生の生き方を問うするどい問題提起であるだけに、広義の「心の教育」と重なってくる。思いがけない凶悪犯罪事件を契機に、「心の教育」が従来の道徳教育のスタイルから脱却しようと一歩を踏み出そうとするのであれば、躊躇せずにもっと強力に前進していってはどうだろうか。それが事件を曖昧にしない、新たな教育言説づくりになるに違いない。

【注】

（1）文部科学省編『心のノート』（小学校５・６年版、中学校版）暁教育図書株式会社、２００２年。『心のノート』についてはさまざまな意見が出されてきた。たとえば、三宅晶子『「心のノート」を考える』岩波ブックレット、２００３年、など。

（２）事件から約20年後の２０１８年度より小学校で、そして２０１９年度から中学校で道徳は「特別の教科」となり、初めて検定教科書のもとで授業が実施されることになった。「心の教育」はこの「教科化された道徳」に包含されることになろうが、少年A事件を繰り返さないような「道徳」になりうるのかどうかは、改めて問い直されるべき課題である。

（３）アリストテレス『心とは何か』桑子敏雄訳、講談社学術文庫、１９９９年。

（４）Moore, T. (ed.), *The Education of the Heart*, Harper Perennial, 1997, p.3.

（５）Ibid. pp.11-13.

（６）Ｂ・クラーエ『攻撃の心理学』秦一士・湯川進太郎編訳、北大路書房、２００４年、44～45頁。

（７）福島章「攻撃性」、森岡清美・塩原勉・本間康平編『新社会学辞典』有斐閣、１９９３年、４２０頁。

（８）岡本夏木・清水御代明・村井潤一監修『発達心理学辞典』ミネルヴァ書房、１９９５年、１９９頁。

（９）Ｅ・フロム『破壊――人間性の解剖』作田啓一・佐野哲郎訳［上］、紀伊國屋書店、１９７５年、２９９頁。

（10）同書、３０４頁。

（11）「少年Ａ」の父母『「少年Ａ」この子を生んで……』文春文庫、２００１年（初版１９９９年）。高山文彦『「少年Ａ」14歳の肖像』新潮文庫、２００１年（初版１９９８年）。

（12）牧田茂『日本人の一生』講談社学術文庫、１９９０年、30頁。

(13) 今津孝次郎『人生時間割の社会学』世界思想社、2008年、第7章。

(14) 熊田亘『高校生と学ぶ「死の授業」の一年間』清水書院、1997年。古田晴彦『「生と死の教育」の実践』清水書院、2002年。清水恵美子『いのちの教育――高校生が学んだデス・エデュケーション』法蔵館、2003年。中村博志編『死を通して生を考える教育』川島書店、2003年。山下文夫『生と死の教育』解放出版社、2008年、など。

3 「体罰は必要だ」という言説

1 ある学校体罰事件をめぐる諸動向

望ましい目標を目指す「心の教育」といった言説に対して、望ましさに反するような言説に私たちは囚われていることがある。その代表的な一例が「体罰は必要だ」である。

学校での体罰については、これまで否定論と肯定論（ないし容認論）がせめぎ合うという長い歴史があった。ところがある事件を契機にして学校体罰に関しては否定論が圧倒的に優勢になり、肯定論がすっかり影をひそめた。体罰をおこなった教員には必ずと言ってよいほど懲戒処分の措置がおこなわれて、事件の収束が図られるようになった。ただし、家庭での体罰については肯定論がなお見られるが、2019年通常国会での児童福祉法等の法律改正で家庭での「しつけ」の名を借りた体罰は禁止する条項が盛り込まれるに至り、肯定論も揺らいでいくかもしれない。

さて、ある事件とは、2012年12月に大阪市立高校の運動部で顧問教員が2年男子部員に体罰を繰り返して、部員が自死する結果を生じさせ、マスメディアと世論が大きな反応を示したことである。事件後の高校側の対応の不備も明らかになって、当時の橋下市長が乗り出し、その意向を受けて市教育委員会が体育系2学科の入試を取り止めるという緊急方針さえ出されるに至った。翌２０１３年２月に顧問教員は懲戒免職となる。そして常態化した体罰が暴行・傷害罪に当たると判断した大阪地検は、同教員を在宅起訴し、9月になって大阪地裁は懲役1年執行猶予3年の有罪判決を下した。

この大阪市立高校の事案で否定論が明らかに優勢になったとはいえ、その後も全国でなお体罰事件が後を絶たず、マスメディアに取り上げられている。たとえば、２０１８年11月に名古屋市内の私立高校野球部で生じた顧問教諭による体罰事案はメディアが大きく報道した。体罰の光景は周囲にいた人によって遠くから動画に撮られており、テレビニュースでも放映された。そのありのままの光景を見ると、体罰が当たり前のようにおこなわれていた時代に逆戻りしたかのようで、部員に平手打ちと足蹴りを次々と繰り返しており、「体罰」というよりも「暴行」である。体罰肯定を地でいくかのような勢いである。新聞記事には次のように書かれている。

> 監督は野球部の練習後のミーティングで、携帯電話に関する部のルールが徹底されていないことに腹を立て、1、2年生の男子部員12人に対し、殴ったり、蹴ったりの暴行を加えたという。うち３人が顔が腫れるなどのけがを負った。部員の保護者から学校に連絡があり、発覚した。監督は「ルールが徹底されておらず、指導するうちに感情的になってしまった。部員との対話が不足していた」と学校側に説明しているという(1)。

体罰否定の世論が優勢になってもなお学校で体罰がなくならない理由は何か、について検討する必要がある。そこで、大阪市立高校の事案から約15年前の１９９６年に起こった別の公立中学校体罰事件を眺めることから始めよう。その事案にはまだ体罰肯定論が根強かった時代の典型的な状況が見てとれるからである。事件の経過を六つの局面に分けて整理する(2)。

（1）体罰の発生。中学1年の男子生徒が、宿題が未提出であるなどの理由により、他の生徒がいる前で学年生徒指導担当の男性教諭（32歳）に蹴られ、机に頭を何回も打ちつけられて、さらに頬を繰り返し叩かれた。耳が聞こえなくなったので病院で診てもらったところ、内耳震とうと診断された。翌日この生徒は顔を腫らして登校したが、気分が悪くなり早退した。

（2）学校の事後処理。学校長から報告を受けた市教育委員会は「非違行為（体罰）報告書」を作成して県教育委員会に提出するとともに、校長が本人と保護者に謝罪し、教師は厳重注意処分を受けた。報告書には「生徒が努力して課題を完成させようとする意欲が感じられず、つい感情が高ぶり、髪の毛を引っ張って数回頭を机にたたきつけ、手で頬をたたいた。生徒は手で耳をかばったが、今後計画的に課題を提出するよう強く意識させるあまり、耳に当てていた手をさらに何回もたたいてしまった」などと書かれていた。

（3）保護者の抗議。同じクラスの母親たちは、県教委に「報告書」の公開請求をおこなって部分公開された。ところが、その内容は子どもたちの話と大きく食い違っていた。第一に体罰の仕方が実際には暴行と言うべきものであったのに、報告書では「数回」程度の軽微な体罰としてしか扱われていない。第二に「課題を完成させようとする意欲が感じられず」とあるが、実際には前日の深夜まで取り組んだが分からず、当日も友人に質問していたところだった。第三に「指導が熱心」という教師評であるが、実際には少しのことでもすぐ怒り、よく殴る先生、と評する子どもたちもいる。第四にこれまでにも前任校で体罰を繰り返している。こうして、保護者は学校への不信感をつのらせた。

（4）新聞報道と体罰観の諸表明。2ヵ月後に、体罰事件が新聞で大きく報道されると、保護者から学校に問い合わせの電話が相次ぎ、学校は臨時生徒集会を開いて、校長は「あってはならない体罰があり申し訳ない。二度とこのようなことがないようにしたい」と生徒に謝罪し、体罰を振るった教師も壇上で「もう二度としません」と謝った。こうした経緯が連日新聞に報道されるなかで、臨時PTA集会が開かれた。学校や教師の責任を追及する意見がある一方で、「先生は萎縮しないで子どもを殴ってください」という体罰容認の声も相次いだ。市議会でも質問が出され、教諭は自宅待機が命じられた。

（5）相対立する二つの請願。その後、市教委には正反対の内容の二つの請願が出された。一つは被害生徒の同級生の母親から「体罰教諭の懲戒処分」を求めるものであり、もう一つは他の保護者たちから「教諭の一刻も早い復帰」を求めるものであった。市教委は「自主的な判断で対応する」とし、二つの請願を共に不採択とした。

（6）処分。事件の新聞報道から約1ヵ月後、県教委は最終的にこの教師を3ヵ月の停職処分、校長を指導監督が不十分だったとして文書戒告処分とした。しかし、子どもの人権を考える市民グループは、3ヵ月の停職では軽すぎると批判した。

以上の六局面は、体罰をめぐる動向の典型として把握できる。学校での体罰は「学校教育法」の「体罰禁止」条項として法的に禁止されているのにしばしば行使され、それに対して処分がなされるのだが、またどこかで生じ、体罰→謝罪→体罰是非論の噴出→体罰→謝罪…というパターンが繰り返されてきた。そして、この過程で見落とせないのは、必ずと言ってよいほど体罰否定論の背後に「体罰は必要だ」という密かな声が潜んでいることである。この隠れた声が体罰を誘発したり、支持したり、たとえ支持しなくても体罰批判の矛先をかわすようなはたらきを果たしていると考えないと、体罰事件の繰り返しパターンを理解することはできない。「体罰は悪い」という教育言説に対して、とはいってもやはり「体罰は必要だ」という対抗言説は想像以上に根強い。しかも、この対抗言説は表にはなかなか現われず、体罰教師の処分といった突き詰められた状況になって、その姿を現すのである。法のことばが実際にはそれほど抑制効果を発揮しておらず、日常のことばで密かに語られる現実の仕組みが教師の体罰を生じさせている面があるのではないか。そこで、この対抗言説に示される基本構造に分け入っていく必要がある。最初に法のことばを振り返りながら学校現場の対応を跡付けた後で、日常のことばを検討したい。

2　法のことばとしての体罰否定論

学校管理者として法規の研修を受ける校長や教頭などを除いて、一般の教員は学校教育法の「体罰禁止」条項について実際に条文を確かめる機会はおそらく少ないはずである。「愛の鞭」といった日常のことばが力をもってくるのも、これまでは法のことばが明確に習得されていないからと考えられる。「体罰禁止」規定の歴史をたどってみると、その歴史は意外に古いことに気づく。そこで最初にその歴史を簡単に眺めておこう[3]。「体罰禁止」規定は、明治12（1879）年の「教育令」にまでさかのぼることができる。

「教育令」第46条　凡学校ニ於テハ生徒ニ体罰－殴チ或ハ縄スルノ類－ヲ加フヘカラス

「体罰」という用語は教育令制定の推進者であった文部大輔・田中不二磨が、アメリカ・ニュージャージー州の学校法にある corporal punishment の訳語として作ったと言われている。当時、世界的に見ても体罰禁止規程はごくわずかの国ないし州に見られるにすぎなかった。かなり早い時期に禁止規定が日本でなぜ設けられたのか。その経緯は必ずしも明らかでないが、おおよそ次のような背景を考えることができる。

第一に教育令を制定するに際して、フランス・アメリカなど先進諸国の体罰禁止規程の影響を受けたのではないか。第二に当時の文明開化の流れにあって、野蛮な国であると諸外国から見られないように、文明国であることをアピールするための文言として設けられたのでないか。同じ明治12（1879）年には、政府は拷問禁止令を出しているが、そうした一連のポーズとして捉えうる。第三に欧米のキリスト教文化圏の人間観や子ども観には性悪説が根付いているのに対して、特に子どもに対する考え方として仏教的性善説的な傾向が強いので（たとえば「子どもに罪は無い」といった表現）、こうした規定もそれほど違和感がなかったのではないか。

教育令に始まる規定表現はその後に変化を繰り返すが、体罰禁止という基本的な法的規定は、近代から現代まで一貫しているという点は確認しておいてよい。ただし、形式はそうだったとしても、体罰行使の実際がどうだったかについては、別に問うべきことである。そして明治33（1900）年の「小学校令」では「体罰禁止」と並んで「懲戒」が規定された。ここにも今日に繋がる内容がすでに現われている。

「小学校令」第47条　小学校長及教員ハ教育上必要ト認メタルトキハ児童ニ懲戒ヲ加フルコトヲ得但シ体罰ヲ加フヘルコトヲ得ス

もちろん、戦後の民主憲法下での子どもの人権という認識とは異なり、国家主義体制下での神聖なる教職という意識の下で、「懲戒」と「体罰」とを峻別することは実際には困難であった。「懲戒」が許されるなら、この「懲戒」の名の下で実際には「体罰」が行使される場合もかなりあったろう。そして子どもの人権という認識が前提となった現代においても両者の区別には曖昧性があり、小学校令から100年以上経つにもかかわらず、この点が法のことばとして明確化されてはいない。法のことばの不明確性が学校現場での体罰を誘発していると言ってよい。この重要な点については後で論じることにして、戦後の新しい「学校教育法」（昭和22〔1947〕年3月）での「体罰禁止」を確認しておこう。

「学校教育法」第11条　校長及び教員は、教育上必要があると認めるときは、監督庁の定めるところにより、学生、生徒、及び児童に懲戒を加えることができる。ただし、体罰を加えることはできない(4)。

内容的には小学校令と変わらない。そして小学校令と同様に、学校教育法の場合もその内容は、厳密に言えば「体罰禁止」条項というよりも「懲戒」条項と言うべきものである。なぜなら文言表現を見る限り、条文の柱は「懲戒」であって、「体罰」は但し書きで副次的にすぎないからである。ところが過去から現在まで「体罰」用語で大きく騒がれても、「懲戒」用語で論議されないのはどうしてなのか。そうした立論では本末転倒となり、一面的で平板な議論に流されてしまうことにならないか。現在では「体罰は厳禁だから、生徒は好き勝手に行動して困る」といったことが教師の間でささやかれたりするが、肝心の「懲戒」措置についての議論がなされている気配は感じられない。要するに、大多数の教師は法のことばを精確に読み込んではいないと思われるほどである。

学校教育法が制定されて2年経った昭和24（1949）年8月には、戦後新教育の息吹のなかで、教員の間で体罰と懲戒の区別への関心が少しは高まったせいなのか、当時の法務府が体罰の教員心得のなかで次のように説明している(5)。

①用便に行かせなかったり、食事時間を過ぎても教室に留めおくことは、肉体的苦痛を伴うから体罰である。

②遅刻した生徒を教室に入れないで、授業を受けさせないことは、たとえ短時間でも義務教育では許されない。

③授業中に怠けたり、騒いだからといって、教室の外に出すことは、許されない。ただし、教室内

に立たせることは、懲戒権内として認められる。
④人のものを盗んだり、こわしたりした場合など、こらしめる意味で、体罰にならない程度に、放課後残してもさしつかえない。
⑤盗みの場合など、その生徒や証人を放課後尋問することは良いが、自白や供述を強制してはならない。
⑥遅刻や怠けたことによって、掃除当番などの回数を多くするのは差し支えないが、不当な差別待遇や酷使はいけない。
⑦遅刻防止のための合同登校は構わないが、軍事教練的色彩を帯びないように注意すること。

以上の説明は、学習権のことも考慮しつつ、児童生徒の人権を尊重する立場から、体罰を防ぐために教師に具体的な理解を促す内容となっており、戦後民主主義教育の雰囲気を感じさせる。何よりも、体罰といえば、すぐに殴打といった行為を思い浮かべやすいのに対して、体罰に相当する行為は他にもある、と幅広く捉えている点が今日から見ても意義深い。しかし、この心得は個別行為の羅列に止まっており、他にもさまざまな場面が挙げられるだろうから、懲戒と体罰の関係をすべて具体的に説明しているわけではない。それに、両者の関係について多くの教師はあまり意識的ではなく、懲戒か体罰かはっきりしない行為が実際には繰り返されてきた。民主主義と人権思想が謳われた戦後まもない時期においても、両者の線引きの問題は依然として残ったのである。この点に関して、１９８１（昭和56）年4月の東京高裁での判例では、次のように説明されている(6)。

学校教育法が禁止する体罰とは要するに、懲戒権の行使として相当と認められる範囲を超えて有形力を行使して生徒の身体を侵害し、あるいは生徒に対して肉体的苦痛を与えることをいう……教育作用をして、本来の機能と効果を教育の場で十分に発揮させるためには、……単なる口頭による説教にとどまることなく、そのような方法・形態によるだけでは、微温的に過ぎて感銘力に欠け、生徒に訴える力に乏しいと認められる時には、教師は必要に応じ生徒に対し一定の限度内で有形力を行使することも許されてよい場合がある。

この判例説明の要点は以下の二点である。生徒の身体の侵害または直接的に身体に触れないにしても結果として生徒に苦痛を与えることは体罰であり、禁止される。ただし、口頭による説教だけでは教育効果がないと判断される場合には、一定の限度内で有形力の行使が認められることがあり、それが懲戒である。

そうすると、体罰とは区別される懲戒を加えるには、身体の侵害または苦痛を及ぼさず、教育効果が期待できるという確かな見通しをもった咄嗟の冷静な判断が不可欠となる。したがって、理性的な判断を忘れた、感情的で私的な怒りをぶつけるような有形力の行使は、懲戒でなくて明らかな体罰となる。傷害を与える結果を及ぼした場合は、明らかに懲戒として許された一定の限度を超える体罰どころか、暴行と呼んだ方がよい。

法規や判例の記述からは以上のように理解できるが、あとは具体的な教育指導上の方法論議に委ねられる部分が大きい。つまり、法のことばには限界があり、実際には学校現場の実践のことばに委ねられていると言える。「体罰は法律で禁止されている」と言っても、それはごく一般的な行為規範を述べただけであり、実際の生徒指導場面で教師の具体的な行動指針を詳細に示したものではないからである。それまで体罰を繰り返してきた学校が法規定にのっとって体罰を止めたとしても、それに代わる懲戒を含む明確な指導方法が取られなかったら、生徒は逆に教師に対して今までの仕返しをしてくるかもしれない。その結果、学校が荒れていって、だからやはり「体罰は必要だ」ということにもなりかねない。

さて、世界に眼を転じると、体罰を法的に認めていた国がある。キリスト教的人間観が支配的だと基本的に性悪説に立つから、人間には悪が潜んでおり、悪を追放するには体罰が必要であるというように、宗教的風土が背後に存在する。なかでもイギリスの例を挙げよう。1986年教育法で体罰禁止に変わったが、それまで体罰は合法であった。ただし、ここで注目すべきは体罰行使にはさまざまな条件が与えられていた点である[7]。

①体罰の道具として、ケーン（藤むち）やパドル（体罰板）などがあらかじめ定められており、体罰を行使する身体の部位や（尻や手のひら）、体罰の回数なども制限されている。

②他の生徒の面前で体罰をおこなわないことや、第三者の立会いをつけることも大切な条件とされている。

③体罰行使の権限が、校長や一定の教職歴以上の教員に限るという条件が付されていることが多い。

④体罰報告書に速やかに記録を書き、この報告書を保管することが求められている。記録項目の事例を挙げると以下のようであった。（a）体罰をおこなった日時、（b）体罰の理由、（c）体罰

を受けた生徒の氏名・年齢・性別・学年、（d）体罰をおこなった校長・教員の氏名、（e）体罰の方法、（f）体罰を受けた親との連絡の有無。

この記録報告のように書式が決められているということは、体罰が教育指導の一環として教育効果が期待できるという確かな見通しをもって適切におこなわれることが条件となっているということであり、それは「懲戒」の趣旨に近い。もちろん記録が正確に書かれるかどうかという実態は別の問題としても、体罰が理性的な判断を忘れた、感情的で私的な怒りをぶつけるような危険な有形力の行使とならないように、厳格な条件が与えられていることを見落とせない。

一方、日本ではもともと体罰禁止であるから、体罰行使のルールはなく、思わず行使してしまう際には、「教育熱心さのあまりに」と称して、絶対にやってはいけない「頭部を殴る」といったことが平然となされるという、実にいい加減な状態が長期間続いてきた。明治以来１４０年以上に及ぶ体罰禁止の法のことばは一体何だったのか、という素朴な疑問すら湧いてくる。体罰容認法令の下で手のひらをケーンで叩く行為と比較して、体罰禁止法令の下で頭部を殴る行為がどれほど異常であるかは、おのずと明らかである。そこで、イギリスの記録報告項目を参考に、具体的な状況を念頭に置きながら、ごく一般的に体罰をめぐる論点を列挙すると以下の八つになろう。

①教師は生徒のどのような行為に対して、どのような規則に照らして体罰を与えたのか。
②体罰は具体的に、生徒の身体のどの部分にどのようなかたちで行使されたのか。傷害を与えたか否か。
③日頃の教師－生徒関係はいかなるものか。その教師はその生徒をどのように考え、生徒は教師を

どう思っていたか、ふだんの指導とその反応はどうか、など。
④生徒はその体罰をどのように受け止めたか。納得したか、教師への愛着が生まれたか、あるいは屈辱感を味わったか、恐怖を感じたか、反抗心をかきたてられたか、など。
⑤体罰を行使する前に、教育効果の見通しについてはどのように得られていたか。
⑥教師はその体罰を教育効果の点から結果としてどのように評価するか。有効であったか、効果なしであったか、逆効果であったか、など。
⑦体罰あるいは懲戒を含めて、生徒指導の目標や内容、方法について、その学校ではふだんからどのように検討し、どのような合意を形成しているか。
⑧保護者は、学校での体罰についてどう考えているか。また家庭ではどのようなときに、どのような規則に基づいてどのような体罰を与えることがあるか。

以上のように、具体的な状況のなかでの体罰については論じるべき点は多々ある。しかし、そうした諸点を検討するには時間や労力がかかるうえに、当事者でないと諸事実を確認しにくいこともあって、結局は一般的な体罰是非論のことばだけが繰り返しやりとりされるという、お定まりのパターンに陥るのである。

3　タブー化されてきた「体罰」に関する学校現場での討議

体罰が行使される具体的な状況が注目されにくいのは、以下のような三つの理由がはたらいているだろう。

①もともと体罰は違法であるから、学校で体罰を論じること自体が無意味であり、タブーとされてきたので、体罰を具体的な状況に即して検討するという思考方法がない。

②日本の教育では外側から見て望ましいと考えられる一定の「型」が重視される伝統がある。身体の統制として「しつけ」（武家社会に由来する「躾」）がおこなわれるのもその一つである。一目見て、子どもたちが一斉に整然とした態度を示すと、その学校の教育は行き届いていると評価される。個々の生徒たちの内面で何が生じているかといったことにはあまり関心がもたれない。1970年代末から1980年代にかけて生徒指導法となった「管理主義教育」がその典型例である。外面的に学校秩序を保つには体罰が一定の効果を発揮すると認められるなかで、違法だという表面的なタテマエ論と、その奥底では指導法として黙認するホンネ論が使い分けられる論法が、これまで長期間にわたって潜在的に横行してきたと言える。

③保護者の間に一定の体罰容認論があるのは、家庭での親の体罰の延長線上に学校での体罰も捉えられるからであろう。ここで親も教師も子どもに対する大人として共通であり、「大人による子どもの統制」という意識が親のなかに潜在的に存在するからと考えられる。

以上三つのうち③については後で触れることにして、まず①と②についてさらに眺めてみよう。公立中学校で30年にわたって教えてきたある女教師は、体罰を容認してしまう学校の土壌について次のように述べている。ちょうど「管理主義教育」が槍玉に挙げられていた1980年代後半の時期である。

体罰を論じ合うことは、学校現場ではタブーなのである。体罰をする教師は力もあり、魅力もある場合が多く、おとなしくなった子どもの態度を見て、父母の信頼も厚くなる。そんななかでさして力量もない教師が体罰否定を口にすることは自分の居場所を失うことに等しいのだ。……30年の教師生活を通じて体罰を正式の議題にして論じあう職員会・職員研修がもたれたことは一度もないのだ。サークル運動の活動家や組合活動家にしても、遠くから民主主義を口にし、体罰反対を唱えることはあっても、自分の職場の体罰にメスを入れることはほとんどない(8)。

体罰は特定の教師が振るうとしても、それはその教師だけの問題ではない。その学校組織のなかに、体罰を積極的ないし消極的に容認する価値規範が潜在的ないし顕在的に存在し、それを教師各人が意識的ないし無意識的に内面化することによって、体罰は発生しやすくなることが、この記録からよく分かる。つまり、あからさまに述べられることはなくても、「体罰は必要だ」という意識が学校組織を呪縛するのである。そしてこの意識が指導法の手掛かりとなり、一定の効果が発揮されるなかで、教育観や生徒観を構成していくと、それは暗黙の認識や判断、実践方法枠組みとしての教育言説として成立することになる。体罰否定の世論が優勢となるきっかけとなった、2012年に大阪市立高校の運動部で顧問教員が男子部員に体罰を繰り返した事案について、体罰の様子を他の生徒や教員が見ていたにもかかわらず、ブレーキがかけられた気配がなかったのは、部活だからという特別意識があったにしても、「体罰は必要だ」という言説が学校組織を呪縛していた証左であると言える。

そうした組織文化をもつ学校に新たに教師が赴任してくれば、体罰容認の価値や教育指導としての体罰方法が自明の前提としておのずと浸透していくことにもなる。こうして体罰はいつのまにか教師たちに継承されていき、「体罰は必要だ」の言説は学校のなかで潜在的に生き続け「聖性」を帯びてタブー化され、議論の対象でなくなっていくことになる。では、新任教師はいかにして体罰を受容していくか、その過程について述べた手記を見てみよう。1970年代後半に、ある新設のA小学校に赴任した新採女教師は次のように書いている。

…新任の私にとって、頼れるのはK先生だけでしたが、最初は、どうしてもあの竹刀でたたく指導には納得できませんでした。22歳になるまで両親にたたかれたことのなかった私は、生理的に嫌悪感を覚えていたのではないかと思います。しかし、教師として人間として未熟であった私は、いつのまにかたたくことを受けいれていました。…あの学校では、たたくことが不自然なことではありませんでした。七年目にS小学校へかわりました。…赴任したとき、体育館にならんだ子どもたちの騒然とした態度に、私は目を見張りました。まえの学校では考えられないことでした。子どもたちだけではありませんでした。先生たちも違っていました。職員会では、自分たちの考えを古い先生ばかりでなく、若い先生までもが言われるのです。すごいショックでした。若い先生なりに意見を述べられる雰囲気が、S小学校にはありました(9)。

今日では「竹刀でたたく」というのはもはや見られない光景である。ただし、体罰とはいかなる行為か、なぜいけないのか、懲戒との関係はどうなのか、教育効果の見通しは、などの諸点が十分に検討されないままにスローガンだけに止まるような体罰禁止のことばがはたして本物になるだろうか。「体罰は必要だ」という密かな考えに学校は長い歴史のなかで呪縛され続けてきたから、この言説がいつまた姿を現すか分からない。そして、この手記でもう一つ重要な点は、赴任した学校に、体罰が自然であるという雰囲気がある限り、いくら最初に生理的嫌悪感があったとしても、未熟である新採教師には体罰が実際的な教育法として無自覚なまま受け入れてられてしまうという過程である。

ここで「組織文化」とは、当該学校組織の教員によって、深いところで共有された認識・思考・価値判断・実践方法の基本様式のことである[10]。そして、別の組織文化をもった学校に転任してから、以前の学校の組織文化が相対化されることによって、ようやく体罰を無自覚なまま受け入れていた過程を自覚できることになる。S小学校での「子どもたちの騒然とした態度」という観察は、体罰がごく自然で外面的な秩序が徹底していたA小学校で身に付けた判断基準によるもので、S小学校の基準では「元気で活発な態度」という表現になるだろう。こうして体罰は各学校の組織文化の在り方の問題へと発展していくことになる。

それでは、体罰が当たり前と感じられる学校にいる限り、体罰問題のタブー化の殻を破れないのか、というとそうではない。体罰に一定の効果が認められる限り、タブー化は保持されるが、いったん体罰の効果がないということが分かったとき、「体罰は必要だ」という暗黙の前提もぐらつき始める。いわば学校組織文化の変容が生じるのである。公立中学校でそれまで体罰に依存してきた男性教師は、前提を疑い始めた理由を次のように語っている。

……シンナーを吸ったり、覚せい剤を打ったり、オートバイを乗りまわして遊ぶ暴走族の男の子や女の子、この子たちを呼んで、どんなにたたいても同じことを繰り返すんです。しまいには、その体罰が厳しくなると、学校に来なくなる。ということは、自分が正しいと思っていた鉄拳で、一人の子どもが学校から追い去らされていく。……

私はやっとこのごろ、教育というものは外側を変えることではなくて、人間の内面を変えていくものだということに、気がつきはじめた。……確信できるのは、こちら側が一生懸命、真剣になってつきあえばつきあうほど、子どもというものは耳をかしてくれます。けれど、なかなか外側は変わりません。しかし、心のなかはじわっと変わってきています(11)。

これは、体罰を具体的な状況のなかに位置づけて検討するようになったケースである。先ほど挙げた八つの論点で言えば「⑥教師はその体罰を教育効果の点から結果としてどのように評価するか」についで点検したところ、効果がないことに気づき始めた。しかも、体罰が生徒を学校から遠ざけるという最悪の結果を作り出していた。もちろん、体罰を具体的な状況のなかで点検するという発想法をとらない場合には、体罰の結果として学校に来なくなっても、生徒の方に意欲がないのだから見限ればよいとして扱い、体罰の前提を見直すこともないだろう。

体罰を個々の状況のなかで把握するということは、対象生徒の内面も含めて問題にしていくことに連なる。「教育というものは外側を変えることではなくて、人間の内面を変えていくものだ」という発想法に立てば、体罰は生徒にどのような苦痛や屈辱感を与えるか、という疑問を抱かせることにもなり、それは体罰の抑制力となるとともに、体罰批判の日常的で実践的な言説を教師の間に新たに形成していくに違いない。

4 日常のことばとしての体罰容認論

体罰をめぐる各種世論調査を見ると、「体罰反対」が多いが、「場合によっては必要」という容認論も目立つことに気づく。「管理主義教育」の論議が高まった1980年代に実施された調査と、近年に実施された調査の各結果である。

1985年の全国公立中学校教師1000人を対象とするNHK調査（有効回答数512）によれば、「体罰についてどう思いますか」という質問に対して、「望ましくない」45％、「絶対に用いるべきではない」10％（「否定論」計55％）であるのに対して、「必要だ」6％、「ときには用いた方が良い」42％（「容認論」計48％）である。体罰肯定の理由を複数回答で尋ねたところ、上位の理由として、「愛の鞭」40％、「教育効果」36％、「しつけが不十分」35％などが並んでおり、「親が望む」10％の回答もあった(12)。そして、1986年に朝日新聞による成人を対象にした世論調査では、「体罰はあってはならない」12％に対して、「場合によってはしかたがない」81％と、容認論が8割を超えている(13)。

それから30年近くを経た2013年に毎日新聞が発表した世論調査の結果は、2012年の大阪市立高校の運動部で顧問教員が体罰を繰り返した事件を踏まえて調査されたもので、「体罰は一切認めるべきではない」が53％、「一定の範囲で認めてもよい」が42％である(14)。体罰自死事件の直後であるから、体罰否定の意見が多くなるのは当然だとしても、先ほどの公立中学校教師対象のＮＨＫ調査結果とそれほど大きな違いはない。サンプルが異なるので厳密な比較にならないとしても、時間経過が長いにもかかわらず「ときには、一定の範囲」という条件付きでの体罰容認論が40％を占めている。しかも中学校教師の意識と一般世論が似通っていることも見落とせない。回答には男女差があり、「一切認めるべきでない」は男性43％、女性62％、「一定範囲で認めてよい」は男性54％に対し女性32％となっている点にも注目すべきだろう。全体の傾向を概括すれば、体罰に対する多くの人々の態度は、体罰自死事件を踏まえてもなお、完全なる否定ではなくて、４割前後が部分的に容認するという立場なのである。

そうした見解の背景についてさらに立ち入ってみたい。体罰容認が「愛の鞭」といったことばで提起されると、その後の議論は停止してしまい、そこで皆がなんとなく納得してしまうことがしばしばある。それこそ曖昧で拘束的規範をもつ教育言説である証しである。愛するがゆえの鞭として、家庭での体罰が必要であると考えられるように、学校での体罰も教育愛として賞賛される。そこで、親子関係や教師－生徒関係において、子どもに対する統制が「愛の鞭」や「教育愛」という考え方で捉えられ、体罰が正当化され、容認されていく言説について検討しよう。

日本の教員文化に関する中内敏夫の社会史研究によれば、20世紀に入った頃から、体罰は懲戒であり、それは「教育愛」ゆえの鞭であるという正当化がなされるようになった(15)。たとえば、新潟師範学校から東京商科大学教員養成所を卒業した後、各地の学校で教えたある教師は、自分史のなかで体罰論争について記している。１９２５年から１９３３年まで８年間勤めた北海道の中等学校の職員会議で、「文化の進んだ現代吾々人類の武器は言論であって爪牙《そうが》ではない」との体罰否定論に対して、次のような体罰肯定論が出された。
この意見は、教師の世界で体罰をめぐる否定論・肯定論について、20世紀初頭から今日まで延々と続いていることを再確認できる内容である。

それは理屈だ。理想論だ。空想論だ。…親なら、目に余ることがあれば、殴ってでも、蹴ってでも直してやろうとするだろう。本当に子どもを良くしてやろうという熱意があれば、殴られずには居られまい。止むに止まれない、親の愛情の発露だと、俺は信じる。悪い生徒は鉄拳を振るってでも、良くしてやろうという位の熱意を教師は持っていいと思う(16)。

ところで、「愛の鞭」の思想史的背景を検討するうえで、性悪説的人間観に立つキリスト教の教えを見逃すことはできない。たとえば、旧約聖書「ソロモンの箴言」は人々の戒めとなる短文集で、なかでも未熟な者に熟慮を教え、若者に知識と慎重さを与えるための内容となっているが、そこでは鞭と諭しについて、いくつかの記述がある(17)。

子は父の諭しによって知恵を得る。不遜な者は叱責に聞き従わない。（箴言13－1）
鞭を控える者は自分の子を憎む者。子を愛する人は熱心に諭しを与える。（箴言13－24）

悪を蒔く者は災いを刈り入れる。鞭は傲慢を絶つ。（箴言22－8）
若者を諭すのを控えてはならない。鞭打っても死ぬことはない。（箴言23－13）
鞭打てば、彼の魂を陰府《よみ》から救うことになる。（箴言23－14）

これらの「箴言」を読む限り、何のための「愛の鞭」かと言えば、それは若者が不遜や傲慢といった愚かさに陥らないように魂を救いだすための諭しの方法である、ということに気づく。全体を通して、「知恵」や「見識」に対する「無知」や「愚かさ」を「諭す」というキーワード群が何度も繰り返されることで成り立っているからである。先ほど引用した北海道の中等学校での体罰肯定論の表現と比較してみよう。

「目に余ること」を矯正する、「子どもを良くしてやろうという熱意」が殴打に現われる、体罰は「親の愛情の発露」であるといった表現となっているが、そこでは悪いことの内容が示されているわけではない。これに対して「箴言」では、具体的な悪に対する戒めこそが重要な論点となっている。さらに教師の意見では、体罰は「熱意」の現われであり、「愛情の発露」であると主張されて、体罰の行使者の方に焦点が置かれているのに対して、「箴言」では鞭打つことは「知恵」を得させるために「熱心に諭しを与える」ことであるというように、体罰が目標とする若者の育ちに焦点が合わされている。また、「鞭打っても死ぬことはない」と述べられているように、身体的に大きな害を及ぼさない点での配慮がある。

ところが、「愛の鞭」という名の下で加えられる体罰で傷害が与えられたり、自死に至ったりといった場合を考えてみると、「箴言」の「愛の鞭」の意味から逸脱している。「愛の鞭」の「目標」を意味するのか、目標の実現のための「手段」を意味するのかの大きな違いがあり、「手段」のための「愛の鞭」に力点を置く限り、そのことばは独り歩きしてしまい、大人の都合による子どもの統制や抑圧を正当化するためのことばとなってしまう。

さて、子どもへの体罰をごく一般的に指示する大人の主張は、世界的に共通して見られる。大人の都合による子どもの統制や抑圧としての体罰の問題を深く掘り下げて、親や教師の深層心理に注目したのは、精神分析家のA・ミラーであった。ミラーの次のような考察を読むと、「愛の鞭」ということばがなぜ曖昧な広がりをもってくるのかということを理解することができる。つまり、体罰は子どもの側というよりも、体罰を行使する大人の側に深く内包される問題から生じるからである。

子どもは最初から一定方向に「もってい」かねばならないという信仰は、そもそも教育する側の、自分自身の内部にあって自分を不安にするものを分離し、なんとか自分の力の及ぶ対象に投射しようという欲求から生じたのです。子どものもつ素晴らしい可塑性、融通性、無防備性、そして子どもはいくらでも利用できるという事情のため、子どもは大人の投射にとって格好の対象となります。こうして、大人は自分の中の敵をやっと自分の外で追い回すことができるようになるわけです[18]。

教師というものは、非常にしばしば父親の代理として自分の生徒を折檻し、それによって自分たち自身の自己愛的安定を図るものです[19]。

体罰は子どもを愛するがゆえというよりも、逆に大人の自己愛的な心理的安定を求めるためのものである、というミラーの主張は、体罰がしばしば感情的な衝動に衝き動かされるように行使され、結果として子どもに大きな傷害を与えたり、挙げ句の果てには死に至らしめる場合の理由をきわめて明確に説明している。それは決して、相手を愛するがゆえに諭すという類いのものではない。極端な言い方をすれば、体罰を繰り返して止めない教師そして親もまた、子どもを愛するというよりも、子どもを思うようにもっていきたい欲求を抱く自分自身の方を愛しているのだ、ということになる。「自己愛的安定」が強調されるゆえんである。

こうして、「体罰は必要だ」という、隠れているけれども強力な教育言説は、子どもに対する大人の統制本能と密接に関わり合っている。それだけに「体罰は禁止する」という法のことばも「体罰は必要だ」という日常のことばになかなか打ち勝てないところがあるのである。それは、「しつけ」と称して児童虐待をおこなう仕組みとも相通じるところがある。

5 「懲戒（戒め）」による議論の立て直し

それでは、学校教育における体罰否定と容認のせめぎ合いをどのように克服していけばよいのか。それは法のことばの原点に戻って、「懲戒」のことばで自由で開かれた議論をすることだと考える。まず「体罰」のことばを使うと混乱することを再確認しよう。

第一に教室の後ろに立たせるような指導から、頭部を平手打ちにする暴行まで実に多様な行為が「体罰」として一括して語られるから、議論はどうしても錯綜しやすい。第二に体罰は法で禁じられているために、体罰はあってはならないと判断し、実際に見ても見ないようにするタブー化を招いてしまう。第三に手っ取り早く学校秩序を保つには、体罰が効力を発揮する。そこで腕力のある教師が生徒指導担当になり、叩くことで子どもが従うと「愛の鞭」とされ、体罰反対の教師は何も言えなくなって、正面からの議論が封印されるという潜在的な組織文化が、一部の学校だとはいえ長期間にわたって定着してきた。

こうした事態をリセットするにはどうするか。非合法の「体罰」の代わりに合法的「懲戒」を使うことによって、教師個人の裁量で閉鎖的におこなわれてきた体罰とそれをめぐる議論を各学校現場でオープンにしていけばよい。ただ、「懲戒」という漢字二文字による法のことばは堅苦しく、ともすれば体罰を連想しがちとなる。そこで軟らかい感じがする「戒め」という用語を使ってみよう。「○○を戒める」とか「己を戒める」といった表現で日常語として使われているからである。そこで「体罰と戒め」に関する基本前提を六つ指摘したい。

(1) 体罰は戒めを逸脱した方法であるが、体罰も戒めも教育指導にとって基本方法である「賞・罰」(ほめることと叱ること) に関わる。であるならば、「罰」は「賞」とともに学校教育秩序や学校教育成果の基準に照らして論議すべきなのに、(体) 罰だけを独立させて議論する仕方は、教育指導論としてきわめて部分的、一面的である。

(2) しかも、教育指導にとっての根幹は、どのように子どもたちを育てて、いかなる人間を育成するかという目的・目標である。「賞罰」を含めて具体的な指導方法はその実現のための手段である。幹である目的・目標を棚上げにして手段である指導方法については論議できない。体罰問題がこれまで解決されてこなかったのは、幹に触れずに枝葉にばかりこだわってきたせいだろう。旧約聖書「箴言」の「愛の鞭」の論じ方を見直すべきである。

（3）「戒め」は英語の disciplinary action に当たる。それはあくまで「規律 discipline」を問う意味合いである。学校教育の目的・目標を達成するためにいかなる「規律」が求められるのか。学校は組織であるから一定のルールが不可欠であり、各学校の状況に応じて規律を明確にして、生徒と教師そして保護者が納得してそれを守ることが求められる。体罰の是非ばかりが叫ばれ、肝心の「規律・戒め」が論議されないと、学校教育は混乱し不安定に陥るだろう。かつて管理主義教育が批判されたように、細かすぎるルールを次々と羅列するような校則は規律の体《てい》を成していない。「規律と戒め」の確立に、各学校はどうして向かわないのだろうか。

（4）体罰禁止が叫ばれるほど、学校現場では体罰の範囲について具体的に示してほしいという要望が教育委員会や文科省に寄せられる。「賞・罰」を含めて教育指導の専門職であるはずなのに、体罰の範囲について指示を仰ぐとは何を意味しているのか。目の前の子どもをどう育てるかということよりも、クレームをつけられたくない、訴訟を起こされたくない、裁判で争いたくないといった心理の方が先走るのかもしれない。たしかに今日の教室では以前とは違った子どもの多様な現実が存在しているし、次々に対応を迫られる現実にどう対応すればよいのか、多くの教師は戸惑い、苦しんでいる状況がある。もしかしたら、見通しを得られない教師が無力感から文科省や教育委員会による上からの指示を求めているのかもしれない。しかし、体罰に相当する行為を機械的に定めたり、戒めとの線引きを具体的に示すマニュアルがあれば教育指導は可能になるだろうか。それは成長発達途上の子どもたちと向き合う教師の専門性が低下していることを示していないだろうか。

（5）そこで、「賞・罰」を核にして教育指導の全体を以下のような仕組みで捉えてみよう。Aが幹でBが枝、Cが葉に当たる。最も重要なAを実現するためにBを具体化し、状況に応じてCを工夫するという関係である。多様な各学校状況によってそれぞれの内容は異なってくるが、A〜Cとも相互のやりとりに基づいて子どもと保護者が了解している内容になるべきものである。

A　教育（指導）目的・目標

B　①教師−生徒−保護者の信頼関係、②規律の方針、③指導方法の方針

C　賞（賞賛・ほめる）と罰（戒め・叱る・注意）の具体的手法

とりわけBについて各学校で教師全員が討議したうえで、Cについて一方では何をどう褒め、他方では何をどう叱るかの議論に至れば、おそらく有形力の行使をまったく伴わない「戒め」を実行できるのではないか。そして、その討議と工夫、実行、その成果の検討を通じて、教師としての育ちも達成できるのではないかと考えられる。体罰に依存する指導は指導力不足であり、教師の人間としての未熟性もあるだろう。一方「体罰」という用語を使って論議すると、教師はCの一部だけに囚われ、体罰否定の世論に怯え、過剰防衛に陥って子どもを叱ることさえできなくなり、ましてやそれよりも重要なBの具体化やAの確認に至らず、教育指導全体が確立せず、その学校の教育が崩れていく危険すら生じるだろう。

（6）専門職としての教師が自らの力を発揮するには、タブー視するのではなく、体罰問題に正面から向き合って、これまでの問題の立て方や議論の仕方を見直し、教師集団が「協業」としての教職を再構築する取り組みに向かったら、必ずや自らの内なる力を発揮できるはずである。「体罰ということばを使わないで、各学校で『規律と戒め』について自由に議論する」という提案の趣旨は、実は「教師のエンパワーメント」が最終目標なのであって、体罰問題に限った部分的方策を提案しているのではない。

以上六つの基本前提に立ったうえで、議論を展開する場は各学校である。まず、顔を殴るといった明らかな体罰は、刑法犯罪としての「暴行」と捉える。そのうえで、どんな子を育てたいかという目標に照らし、いかなる規律を設定するか、そしてどんな状況で、どんな理由で、誰が、どんな戒めを加えるのか。教育効果はどうか。生徒はどう受け止めたか。それらの過程をどう記録するか、などについて全教員が忌憚なく話し合う。

たとえば授業中、私語の絶えない子を何度叱っても改めないとき、教室の後ろに立たせることに効果があると見なすかどうか。追加の課題を宿題に出して私語が改まるだろうか。まじめに取り組まない運動部員に校庭を走らせるのは効果的か、何周なら適切か。そうした指導を一つひとつ、職員会議や校内研修で検討し、最低限許される戒めのガイドラインをつくる。それを児童生徒や保護者に示し、議論の輪を広げていく。遠回りかもしれないが、そこから体罰への抑止力が生まれ、子どもや保護者も含めて、規律と戒めが明確で体罰を許さない学校づくりが始まるはずである。

6 「権力」関係と「権威」関係

「規律と戒めが明確で体罰を許さない学校づくり」を提起した。そうするとA〜C全体を含む「学校づくり」の中核となる課題を挙げないわけにいかない。その課題とは「教師−生徒関係」にとって最も深層部にある「権力と権威」についてである。「最近は教師の『権威』が低下して子どもから軽くあしらわれるから、『権威』を取り戻さないと」と密かに嘆く教師が子どもに厳しい言動で接したりするとき、それは実は「権威」ではなくて「権力」であり、それが体罰に繋がっていきやすい。そこで、「権力」と「権威」を対比させながら「教師−生徒関係」について改めて検討していこう。

「権力 power」と「権威 authority」は同じ「権」という文字表記があるためか、同一であるかのように誤解されがちであるが、英語表記を見れば分かるように両者は異なる。権力とは国家レベルでは軍事力や警察力・法的制裁によって、身近な生活では体罰や強い叱責などによって、上位者が無理やり従わせる関係である。それに対して、権威とはそうした強制力なしで下位者が自発的に従っていくという関係である。平たく言うと「言うことを聞かせる」関係と「言うことを聞く」関係の違いである[20]。権力は上位者から下位者へと有形力が流れるのに対して、権威は下位者から上位者へ尊敬の念が注がれるという点で方向は逆である。大人と子どもの関係として図示すると図I−1のようになる[21]。

権力は有形力を伴うから観察しやすいが、観察しにくい「権威」の仕組みについて考察しておこう。

権威の源泉には二つが区分できる。一つは、ある地位にいるから自然に権威が与えられるケースで、「教師（親）だから尊敬する」という通念である。なかには尊敬できない場合もあるが、それでもやはり尊敬すべきだと判断されるのが「地位」に由来する権威であるⓐ。しかし、これまでのような明確で一般的な「地位」的権威は揺らいでいる。民主的で平等という人間関係観がどの人も同じ地位といったごく通俗的な意味合いで広がり、少子化のなかで子どもを大事にする（し過ぎる）態度からも、地位の上下関係が弱体化している。教師や親であることだけで、子どもはあまり言うことを聞かなくなった状況を指す。

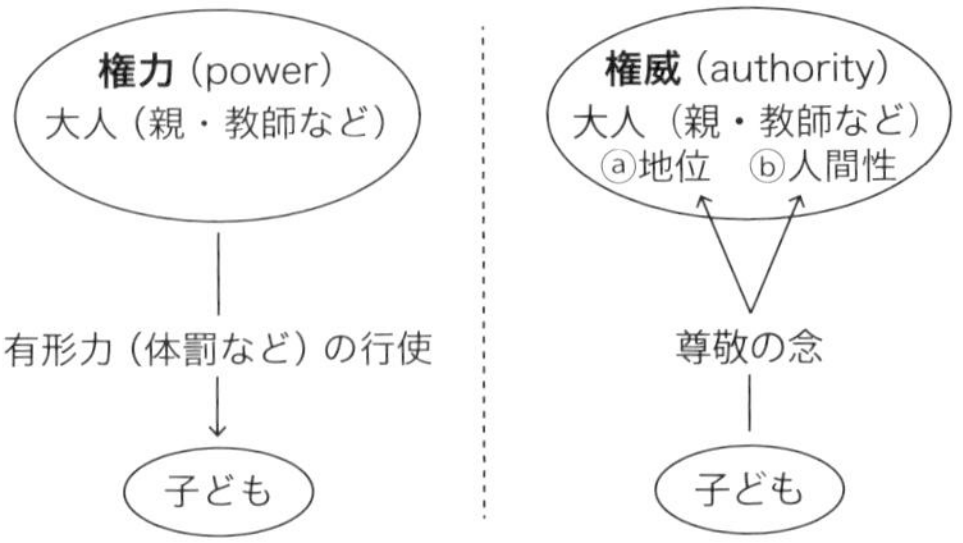

図Ⅰ－１　「権力」関係と「権威」関係

　そこで別に想定できるのが個々の教師（親）の魅力ある人間性が権威の源泉となる場合で、それを「人間性」的権威と呼んでおこうⓑ。たとえば、教育困難な中学校の教師の場合、頑強で指導が厳しく、強い叱責などでにらみがきく男性教師（生徒指導主任に就くことが多い）に生徒が従わざるをえないケースと、優しくて華奢な感じさえする女教師にいわゆるワルの生徒さえもが自発的に従っていくようなケースを想像すると分かりやすいだろう。前者は「権力」関係であり、後者は「人間性」的「権威」関係である。その教師にどこか生徒を引き付ける魅力があり、それが権威を感じさせる源となっている。生徒から見た魅力であるから多様な状態が考えられるが、自分の失敗や成功の経験談や信条などを率直に語ったり、どの生徒にも公平に寄り添って疑問や悩みに応えてくれたり、よく分かる授業をしてくれたり、といったことが魅力に映るはずである。

大人の「権威」の失墜が叫ばれると、子どもは教師や親を敬うように教育すべきだと主張されたりするが、その主張は「地位」的権威を強制しているようであり、しかも権力に近い。「体罰禁止で生徒指導が難しくなった」といった教師の隠れた声は「権力」関係しか念頭になく、「権威」関係についてはは意識していないということである。今後の課題は「人間性」的権威に繋げられるような、「教師－生徒関係」を創造していくことであり、それがとりもなおさず体罰防止の取り組みになるだろう。

7　家庭の体罰と懲戒（戒め）

以上のように、学校での体罰の否定は120年に及ぶ法規程からしても、世論の最近の動向からしてもほとんど議論の余地はなくなっている。あとは家庭での親の体罰の是非をどう判断するかである。家庭にはあまり立ち入るべきではないと慎重な立場を取っていた政府や国会も、2010年代後半に児童虐待によって子どものいのちが失われるという痛ましい事件が相次いだ結果、家庭内での体罰をこれ以上は見逃せないという新たな動きが現われた。

一つは、児童虐待が強く疑われる場合に、児相が家庭へ介入することが円滑におこなえるように、親権の制約などの法改正や、弁護士や警察（OBも含め）の援助を得られるような組織体制にすること、もう一つは「児童虐待防止法」や「児童福祉法」、あるいは自治体の「児童虐待防止条例」に

「親の体罰禁止」を明記すること、である。ただし、罰則が無いので効果があるかどうかという疑いもつぶやかれるが、家庭での体罰禁止については法的にも初めて本格的に議論されるわけで、児童虐待防止に関わって体罰禁止を掲げることには大きな意義がある。「体罰は必要だ」という密かな言説にも何らかの影響を及ぼすかもしれない。とはいえ、これまで論じてきた「体罰と懲戒（戒め）」の観点から言えば、従来から学校では「体罰」の是非に集中して「懲戒」について見落としてきたように、家庭についてもまったく同じように「体罰」禁止に集中し、「懲戒（戒め）」に眼を向けない問題の立て方だと、議論は相変わらず「枝葉」ばかりに集中して「幹」が無視されるのではと考えないわけにはいかない。

ここで具体的な事例を一つ紹介しておこう。学校現場の生徒指導で「目的」と「手段」が混乱し、「目的」が正しく把握されておらず、挙句の果てには「手段」が自己目的化してしまっている多くの現状を批判するのは、公立中学校長の工藤勇一である。彼は校内研修で「叱るものさし（優先順位）」をテーマに取り上げた。「叱る」は手段であるが、何を叱るのかという「目的」が曖昧になっていることに教員が気づくための研修である。13項目を挙げて厳しく叱る順位を各教員に番号をつけてもらって挙手で答えてもらったところ、厳しく叱る対象が校内でバラバラになっていて、学校の目的が統一されていない状況が浮かび上がった。しかも「授業中に隠れてマンガを読んだ」とか「違反の服装で登校した」について教員が厳しく叱ることの多いことが挙手の数から明らかになった。

これに対して同校長は「4階の教室のベランダの柵にまたがって友だちと遊んだ」が最上位だと答えた。なぜならいのちに関わることだからである。次に厳しく叱るのは「コンビニで万引きをした」

「一人の友だちを数人で無視し続けた」というように、犯罪や人権に関わる問題行動である。叱るということは、生徒の生き方や価値観に影響するようなメッセージを伝えることである。同校長は「どうでもよいことと、どうでもよくないことを、分けて叱りませんか」と教員に語りかけている[22]。同じことは家庭でも問われてしかるべきである。親として何について最も厳しく叱るか、さらっと注意することで済ますのは何か、と。ただ体罰の是非を含めて「叱り方」の具体的方法にだけこだわるのは、手段の自己目的化にすぎない。

２０１９年の通常国会で、家庭の体罰禁止を明記する審議と共に、民法の「懲戒権」削除という意見が浮上した。それは以前から議論されてきた懸案事項である。懲戒権とは「第８２２条　親権を行う者は、第８２０条の規定による監護及び教育に必要な範囲内でその子を懲戒することができる」である。監護及び教育の権利義務を定めたのは「第８２０条　親権を行う者は、子の利益のために子の監護及び教育をする権利を有し、義務を負う」である。たしかに、この「懲戒」は有形力行使としての「体罰」に等しいイメージに囚われやすく、事実「懲戒することができる」を盾にして体罰を振るう親がいる。それゆえ懲戒権規程は削除すべきで、第８２０条の「子の利益のために監護及び教育をする権利……」で十分である、という意見がこれまでにも出されてきた。では懲戒権規程を単に削除するだけで問題は解消するか、といえばそうとも言えない。その理由は次の三つである。

第一に「懲戒」の意味である。先ほども述べたように、それは「規律」つまり正・不正そして善・悪の基準を設定し、それに照らして反する場合は罰する行為である。ところが、幹である目的・目標を意味する「規律」よりも、枝葉である「罰」の方法にばかりこだわるような「懲戒」の議論は一面的で表層的ではないか。「子の利益のために監護及び教育をする」の文言で果たして「規律」を明確に指し示すことはできるか。

第二に小学校令から学校教育法に至る懲戒と体罰に関する規定「懲戒を加えることができる。ただし、体罰を加えることはできない」との整合性である。民法の「懲戒権」を削除すれば、学校教育法の「懲戒」規程はどうなるか。明治29（1896）年「民法」の懲戒権規程から4年後の明治33（1900）年に「小学校令」の懲戒規程がなされており、規程内容の同時代性にいかなる背景があったのかについて改めて検討する必要があろう。そして、家庭と学校で子どもの「戒め」としての懲戒の扱い方が違ってよいか。

第三に懲戒権規程があろうがなかろうが、感情のままに（あくまで子どもためを思ってという大人の勝手な主観で）「権力」を行使する一部の親は結局のところ体罰をするにちがいない。「懲戒権」は体罰の「口実」にすぎず、それは「しつけ」や「愛の鞭」と同じくことばの濫用である。事態の枝葉である「口実」ではなくて根幹にある親子関係そのものに眼を向けなければ、真の問題解決には至らないだろう。

いずれにしても児童虐待死という事件を防止するために議論が感情的に先走りし、ことばの使い方が乱雑で混乱していると言うほかない。先ほどミラーを引用しながら、体罰の根源には子どもを支配したいという無意識の本能が大人（親も教員も）に潜んでいると述べた。この本能を「しつけ」や「愛の鞭」という殺し文句で覆い隠して正当化するという言説の仕組みになっている。大人の隠された本能を明るみに出して自ら意識することなしに、さらに規律を明示しつつ、違反した場合のそれぞれの懲戒（戒め）の明確な方法を確定しない限り、依然として体罰がおこなわれていくかもしれない。教師の場合と同じく、結局のところは大人が子どもに向き合う「権力」関係そのものが問われているのであり、その関係の在り方まで親が掘り下げて自己省察できるかどうかである。おそらく、家庭での体罰をめぐっては「体罰禁止」の法のことばと、「ある程度は体罰も必要」という日常のことばのせめぎ合いが依然として続くことになるだろう。

【注】

（1）『朝日新聞』（名古屋本社版）2018年11月14日付。
（2）『朝日新聞』（名古屋本社版）1996年2月20日〜3月23日の事件関連報道記事より再構成。
（3）牧柾名・今橋盛勝・林量俶・寺崎博昭編著『懲戒・体罰の法制と実態』学陽書房、1992年、1章。坂本秀夫『体罰の研究』三一書房、1995年、第1章。沖原豊『体罰』第一法規、1980年、第8章。
（4）第11条はその後、文言表記が一部修正されただけで、70年以上経た今も内容に変更はない。「校長及び教員は、教育上必要があると認めるときは、文部科学大臣の定めるところにより、児童、生徒及び学生に懲戒を加えることができる。ただし、体罰を加えることはできない。」
（5）解説教育六法編修委員会編著『解説・教育六法』（平成12年版）三省堂、2000年、125頁。
（6）同書、125〜126頁。
（7）沖原豊『体罰』第一法規、1980年、第3章。
（8）麻生信子『私たちは、なぜ子どもを殴っていたのか。』太郎次郎社、1988年、162頁。
（9）同書、126〜127頁。
（10）今津孝次郎『ワードマップ 学校臨床社会学――教育問題の解明と解決のために』新曜社、2012年、I部、同『新版

変動社会の教師教育』名古屋大学出版会、２０１７年、第4章、参照。

(11) 麻生信子、前掲書、１３５〜１３６頁。

(12) ＮＨＫ取材班・今橋盛勝『体罰』日本放送出版協会、１９８６年、付章。

(13)『月刊世論調査』１９８６年6月号。

(14)『毎日新聞』２０１３年2月4日付。

(15) 中内敏夫「『愛の鞭』の心性史」『社会規範――タブーと褒賞』〔叢書 生む・育てる・教える 第5巻〕藤原書店、１９９５年。

(16) 布川学而『教師の生態』産学社、１９７２年〔中内敏夫、同書、２５５頁より再引用〕。

(17)「箴言」『旧約聖書』〔新共同訳〕日本聖書協会、１９８７年、１００７〜１０２１頁。

(18) Ａ・ミラー『魂の殺人――親は子どもに何をしたか』山下公子訳、新曜社、１９８３年〔新装版 ２０１３年〕、１１５頁。

(19) 同書、２１９頁。

(20) なだいなだ『権威と権力――いうことをきかせる原理・きく原理』岩波新書、１９７４年。

(21) 今津孝次郎『学校と暴力――いじめ・体罰問題の本質』平凡社新書、２０１４年、１３５頁。

(22) 工藤勇一『学校の「当たり前」をやめた。――生徒も教師も変わる！ 公立名門中学校長の改革』時事通信社、２０１８年、48〜51頁。

Ⅱ 「ことば」を通して教育問題を深く捉える

――「いじめ」問題の問い直し

第Ⅰ部では「教育言説」の視点を述べた。この第Ⅱ部では、その視点から「いじめ問題」に焦点を当てて集中的に検討する。特に焦点を当てる理由は、いじめ問題ほど「ことば」使用の乱雑さが目立つ教育問題はないと感じられるからである。人々にとってごく日常のことばであった「いじめる」が、1970年代末から学校でのいじめ行為がエスカレートするなかで最悪の自死を生じさせる事案が相次ぎ、1980年代から「いじめ」が新たに使用されるようになって深刻な社会問題として登場するに至った。『広辞苑』で第3版（1983年）までは「いじめる」という動詞形しか記載されてなかったのが、第4版（1991年）から「いじめ」という名詞形が加わり、「特に学校で、弱い立場の生徒を肉体的または精神的に痛めつけること」と説明されている。こうした辞書の「いじめ」の追加改訂は、1980年代に「学校いじめ」が大きな社会問題となったことを表わしている。

いじめ問題は国会でも審議されるようになり、歴代首相でさえ答弁せざるをえないほどの国家的課題となり、ついには2013年に議員立法による「いじめ防止対策推進法」が制定された。体罰問題は120年以上にわたって法のことばと日常のことばのせめぎ合いが続いたが、いじめ問題は日常のことばが人々の身近な暮らしに浸透した長い歴史があるのに対して、法のことばが提起されたのはつい最近のことであり、ことば使用の乱雑さが目立つのも仕方がないのかもしれない。そこで改めて議論を整理したいというのが第Ⅱ部の目的である。

1 子どものSOSサインを見逃し続けた40年

1 「習俗」としてのいじめ行為と「社会問題」化した学校いじめ

「いじめ」が世界で最初の社会問題となったのは、生徒の自死が相次いだ1970年代初頭のスウェーデンをはじめとするスカンジナビア諸国であった。1980年代初頭の日本では、そうした世界の動向に無知であり、「集団主義が優勢な日本では村八分のような排除がはたらきやすく、いじめは日本特有の事象である」といった俗流日本文化論が横行したように、歪んだ認識のまま止まっていた(1)。そこまで極端ではなくなったにしても、歪んでいたり誤っていたりする認識は今もなお「いじめ」論議に見てとれる。それらを指摘しながら、問題克服のための適切なことばを探索していきたい。

スカンジナビア諸国から約10年遅れて、1980年代から日本はアメリカやイギリスと同様に、いじめが社会問題化していった。その際に注意すべきことは、学校でいじめ自死が相次いだことで、人々がきわめて深刻に受け止めたことである。関心の対象になったのは「学校いじめ」であった。英語で school bullying と表記されるゆえんである。

子どものいじめ行為自体は昔から地域での子ども仲間集団では誰もが経験する、いわば馴染み深い

「習俗」と言うべき現象であった。次の第Ⅲ部で論じるように、10歳くらい（小学校4～5年）から16歳くらい（高校1～2年）まで数年間にわたる「青年前期（思春期）」の発達的特徴として、親への依存から自立へと向かう不安定な過渡期に見られる、同輩の群れのなかの力関係が自然に現われる攻撃的行為だからである。仲間での自分の優劣も不明確で、自分の言動が他者にどう影響を与えるかといった配慮にも無自覚で対人関係に未熟な段階だから、加害者側にはまず加害の意識は無い。単なる遊びやいたずら、ふざけ合い、けんかと区別がつかないのもそのためである。そしてこの過渡期を過ぎると、いじめ行為も徐々に減少するという筋道をたどる。

「習俗」だとすると、いじめ行為はその年齢段階にある子どもの間では現在も存在するし、今後も継続するであろう事象だと言える。ただし、こんな言い方をすれば「いじめは悪であり、あってはならない、今後も継続するとは何事か」という批判が咄嗟に返ってくるだろう。もちろん「いじめは悪」という価値判断はその通りである。しかしその前に、いじめ行為とはいかなるもので、どのような状況下で生じ、「悪」を解決するためには何をなすべきか、について冷静に客観的に解明することが欠かせない。その点をおざなりにしたまま単に「いじめは悪」という価値判断を先行させると、結局は空回りの対応に終始し、問題は解決されないまま推移することになってしまう。

地域の仲間集団に見られる「習俗」としてのいじめ行為と、「学校いじめ」とは仕組みが異なる。端的にまとめると、自然消滅しやすい前者と、エスカレートしやすい後者との違いである。その違いが生じる理由は集団の組み方にある。仲間集団は地域で自然に集う数人の異年齢・タテ型集団で、成員は出入りを繰り返して変化する。この集団内でいじめ行為があったら、被害者は抜け出す道がある。

あるいは集団の長であるいわゆる「ガキ大将」は仲間を守る役目があるから、いじめにストップをかけるということもある。他方、学校では少なくとも1年間はクラス・学年が固定されており、同年齢・ヨコ型集団で人数も多い。タテ型集団の「ガキ大将」のような強力なリーダーもヨコ型集団では存在し難い。しかも周囲にはいじめ行為をはやしたてたり、見て見ぬふりをする者たちもいる。この集団でいじめ行為があっても抜け出すことはできず、誰かがブレーキをかけないと続いていき、場合によっては暴行や恐喝などの犯罪にまでにエスカレートしやすく、被害の程度は深刻になりやすい。

そうすると「学校いじめ」の場合、エスカレートしないように早期発見・早期克服に努めることが肝要であり、「いじめゼロ」などと叫んでも青年前期（思春期）の子どもにとっては完全に無くすことは難しい。むしろ、相手の立場に立って相手の心情を感じとるといった対人関係の初歩訓練という教育課題として把握することが対処の筋道だと考える。それは教師の指導だけでなく、子どもたち自身の努力や保護者の協力も含めた学校全体の取り組みに至らないと実現しないだろう。

さて、子どもの生活圏は基本的に家庭・学校・仲間集団の三つである。それに近年では仲間集団が少なくなり、それに代わるかのようにスマートホン（以下「スマホ」と略記）を通じたＳＮＳ空間を付け加えることができる。１９８０年代から都市化の流れが加速するとともに、地域の仲間集団は少しずつ弱体化していき、子どもの生活圏は徐々に家庭と学校とに集約されていく。そのうえ各家庭もそれぞれ独自の生活を展開するというよりは、学校の勉強や成績、進学の話題で共通するようになり、いわば「疑似学校化」していく。こうして、子どもの生活圏として学校の占める割合が大きくなっていくとともに、いじめ行為が学校内で生じる傾向も強くなる。エスカレートする危険性が高まるなか

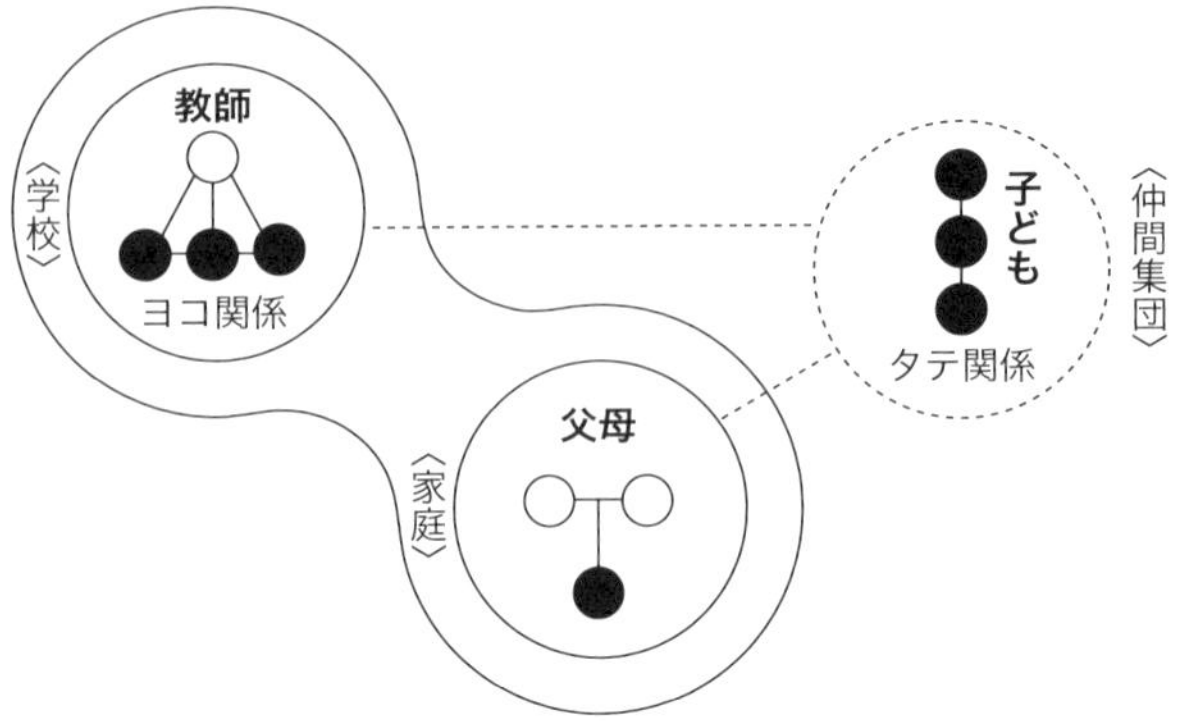

図Ⅱ－1　家庭・学校・仲間集団

（破線は仲間集団の弱体化を、外枠の実線は家庭が「疑似学校」化している様子を示す）

で現実に全国各地で最悪のいじめ自死が相次いだ。学校いじめが社会問題化する背景には、子どもが過ごしてきた多様な三つの場が、疑似学校化する家庭も含めて学校空間に包括されて、一元的な環境に閉ざされていくという環境変化を考えることができる（図Ⅱ－1）(2)。

もちろん、ＳＮＳによるネット上の友人関係が地域仲間集団の代わりをしている側面もある。ただし、交信相手は身近な同じ学校仲間であることも多く、しかも対面的関係によって全身を使う遊びやスポーツに熱中するような活動とは異質である。そのうえ「ネットいじめ」も目立っており、そこから抜け出るのは難しいという新たないじめ形態が登場している。こうした社会変化の下で、名詞「いじめ」で話題にすると、伝統的な「習俗」としてのいじめ行為と、「学校いじめ」が混在し、各人がイメージする内容がバラバラのまま議論されることになる。いわく「たかが子どもいじめではないか、けんかみたいなもの」から始まり、「いじめられる者が悪い、刃向かっていけばよいのに」、あるいは「いじめは根絶すべき」さらには「いじめは犯罪」という意見まで、実に多様な見解が同時に噴き出して議論が錯綜するのが常である。典型的な事案を次に掲げたい。中学生のいじめ自死という「重大事態」である。

2 生徒のSOSサインと学校組織

公立中学校の2年生男子二人がトラブルを繰り返している。健次（被害者）は同級生（加害者）から教室やトイレで殴られていて、友人たちが目撃している。校舎の窓枠から「自殺の練習」も強要されていた。ある日も殴られた健次が友人と共に保健室に駆け込んだので、養護教諭は「指導が必要」と二度にわたり担任や職員室の先生に伝えた。担任はこの二人から同時に事情を聞いた。「仲良くしたい」と健次が答え、同級生と抱き合った様子から、担任としては「仲直り」させた格好になった。その後の経緯について、この事案を地元で本格的に取材した新聞社の取材班によるドキュメントから引用する[3]。

生徒間の暴力があったときなどに学年の教師らが集まって情報を共有する「学年集約会」という会議が開かれた。すでに午後6時をまわっていた。そこで、三人の女性教諭が「いじめではないか」と主張した。一人は健次の1年次の担任だった。「ケンカと言うが、へらへらして気に入らないというのが始まりなら、それはおかしい。ケンカをさせられているイメージをもった」「担任はケンカの延長と言う。でも健次は笑っていたのが、泣いているようになったこともあるし、笑ってごまかすこともある。『大丈夫？』と聞いても子どもは『大丈夫』としか言わない。」

だが最終的に、こうした意見は顧みられることなく「いじめの可能性があるから今後、注意深く見守る」との結論に落ち着いた。学校は以前から予定していた「善行迷惑調査」と呼ばれる、全校生徒に学校生活の不満や改善してほしい点を尋ねるアンケートでくわしいことがわかるのではないかと安易に考えていた。だが、実施する日の朝に健次は亡くなってしまった。…わずか15分間の会議。学年の教師が力を合わせて解決していこうとする機運は生まれなかった。

事案の経緯を報告するこの短い文章を読むだけでも、この中学校の教員集団のいじめに対する対処について、誰もがおかしいと感じる初歩的な疑義が浮かび上がる。

（1）「二人から同時に事情を聞いた」という箇所について、個別に事情を聞かないと真実は明らかにならないのが生徒指導の常識である。トラブルになっている両者間には一定の力関係があって、教師の面前ではその関係に縛られるからである。そして「仲直りさせた」という対処が意味するのは、昔から日常語として言われ続け、今でもなお使われている常套句「いじめっ子・いじめられっ子」という用語が念頭にあると言ってよいだろう。つまり、当事者から距離を置く傍観者的立場から当事者を裁断するという対処である。この発想法には昔からの「習俗」としてのいじめ行為という認識が暗黙のうちにはたらいているように考えられる。「しょせん子どものいじめではないか」と。「仲直りさせる」という対処は、表面的に取り繕うことで解決したと教師が勝手に思い込む誤った手法である。この手法では「仲直り」の後で、実際にはさらにいじめが陰でエスカレートしていくというのが、長年の多くの経験から明らかにされてきたことであるにもかかわらず、その経験がまったく生かされていない。

ちなみに英語で「いじめっ子」は bully（いじめ行為をする者）、「いじめられっ子」は victim（犠牲者）と呼び、いじめ問題は bully/victim problems である。少しでも当事者に即しながら、悪いのはbully だと明確に表現する英語表現に倣い、日本語でも「いじめっ子・いじめられっ子」ではなくて、「いじめ加害者・いじめ被害者」と表現すべきである。

（2）中学校のケースに戻る。養護教諭が「指導が必要」と複数回にわたって指摘し、「学年集約会」では三人の女教師が「いじめではないか」と主張している。しかも「笑ってごまかすことがある」と中学生の表情の特徴について的確な知見を述べている。これらはすべていじめのＳＯＳサインを把握した見解であるのに、会議では「いじめの可能性があるから今後、注意深く見守る」との結論に落ち着いてしまった。少しでも「可能性」を感じるのなら、初動段階で即刻に対処するのがいじめ問題解決の鉄則であるのに、動こうとしなかったのはなぜか。「学校いじめ」はストップをかけないとエスカレートしやすく、最悪の結果を招くことが全国で次々と生じていたことを教訓にできていなかったことを物語る。しかも、いじめ問題が周囲に知られると学校の評判を落とすという誤った認識に無意識的に縛られていたためではないか、と想像できる。

（3）会議はわずか15分間であった。後で実施するアンケートに委ねたという経緯に示されているのは、せっかく「学年集約会」が開かれたにもかかわらず、15分の会議を開くこと自体があたかも自己目的化されて、肝心の暴力関連情報の共有化が実現されなかったことを示している。少数の教師の的確な感覚よりも、アンケート結果に期待するというのは形式主義以外の何物でもない。日常的に子どもたちに接している教師の「感性」を最優先しないで、一体いつから「アンケート主義」に陥ったのだろうか。

（４）表面上はケンカというかたちであったが、被害者のＳＯＳサインが学校内の随所で現われ、それを一部の教師や生徒たちが認めていた。いじめ自死が起きると、マスメディアは「ＳＯＳサイン（または単に「サイン」）が見逃された」と決まり文句のように叫ぶのが常である。ただし、一口に「サイン」と言っても詳細に探る必要がある。「見逃し続けた40年」と本章のタイトルに掲げると、見逃さなかった多くの学校から抗議されるかもしれない。しかし、いじめの社会問題化から約40年が経つなかで、数少なくとも「見逃された」ケースはやはり立ち入って探るべきである。

サインに関して、すぐに分かる「明示的サイン」と隠れていて気づきにくい「黙示的サイン」を区分してみよう。このケースの場合は、両者の境界に位置すると考えられる。表面的にはケンカの印象が強く、「健次は笑っていたのが、泣いているようになったこともある」という微妙な表情も「境界に位置する」と判断される理由である。そして、そうしたサインの「発信」を教師がいかに「受信」するかという面からも検討する必要がある。だとすると「個人的ないし少数的受信」と「組織的受信」に区分できる。エスカレートしやすい「学校いじめ」では、最初は「個人的ないし少数的受信」だったとしても、それが「組織的受信」へと拡充していかないと、サインへの確実な対処はできない。

そのために１９９０年代から２０００年代にかけて、多くの学校に「いじめ防止委員会」の類いが設置された。問題はその委員会が実際に機能しているか、それとも形式的に置かれているだけなのか、という点である。いじめ自死に至ったケースではほとんどと言ってよいほど、委員会は機能しておらず、形式化していたことが明らかにされてきた。この中学校の場合も、結局は「個人的ないし少数的受信」に止まり、「組織的受信」には至らなかった。

（5）「学年の教師が力を合わせて解決していこうとする機運は生まれなかった」のは、真の解決に向けて学校が組織としてまとまらなかったということであり、それは結局のところ、教師集団を牽引していくリーダーシップがはたらかなかったことが疑われる。そして全体としてうかがえるのは「いじめの存在」を認めたくないという隠れた気分が支配したのではないか、という懸念である。目の前の現実をどう受け止めるかを学校組織として解明し、最悪の結末を予防するための初動の対処を緊急におこなうという危機管理体制が確立していなかった状況が浮かび上がる。その空隙に入り込むように、「いじめは悪」という価値観が先行してしまったのではと感じられる。

以上のような経過をたどったこの事案は、２０１１年10月に大津市立中学校の2年生男子が自宅マンション14階から飛び降りたケースで、いじめの社会問題化からすでに30年以上が経った時点での事件である。新聞取材班のドキュメントを参考に、さらに本事案の流れを補足説明しておきたい(4)。

内輪で葬儀を済ませた後になって、本人がいじめを受けていたという話が耳に入り、遺族は学校に問い合わせる。学校は全校生徒を対象に2回にわたってアンケートを実施したところ、9月頃から同級生に教室やトイレで殴られたり、成績表を破られたりしていたことが判明した。それを受けて市教委は一部の結果を公表し「いじめがあったようだ」と認めたが、「自殺との関係は不明」としてそれ以上の詳細な調査を進めなかった。一部の教員はいじめではないかと疑ったが、学校全体で明確にいじめを認知するには至らず、けんかだと扱われた。遺族は２０１２年2月に市やいじめをしたとされる同級生３人とその保護者を相手に、損害賠償を求めて大津地裁に提訴する。

事件から9ヵ月も経った２０１２年7月、アンケートのなかに「自殺の練習をさせられていた」との記述があったのに確認が取れていないとの理由から公表しなかったことなど、調査が不十分であることが明らかになった。ついに大津市長が乗り出し、市教委には任せられないと第三者委員会を設置することになった。マスメディアは連日大ニュースとして伝える。滋賀県警もいじめが常態化していた可能性があるとして、暴行容疑で生徒を聴取、学校と市教委の捜索をおこなうというきわめて異常な事態に至った。

多くの兆候を学校側は知っていたにもかかわらず、また保護者から何度か問い合わせや相談があり、アンケートに重要な事実が書かれていたにもかかわらず、それらに真正面から対応できずに、市長や警察の介入を招いてしまった学校と市教委の危機管理体制の弱さが全国の注視を浴びる。

そして、この大津市立中学校いじめ自死がきっかけとなって国会では大きないじめ論議となり、ついに約1年半後の２０１３年6月に「いじめ防止対策推進法」が議員立法により成立した。日本で「学校いじめ」が社会問題化してから約33年目にして初めての法律である。それだけでなく、教育委員会制度の見直しにまで飛び火してしまった。

3　SOSサインの発信と受信

日本では1980年代に入ってから、イギリスやアメリカと同じように「学校いじめ」が深刻な社会問題となった。ただ細かく見ると、実は1970年代末に関東で起こった中学生のいじめ自死事件が社会問題化のきっかけとなったことが、今ではまったく忘れられているので記録しておきたい。40年前の事件をあえて記録する理由はマスメディアが大きく取り上げて社会問題化した最初の事案となったからであり、その後の学校いじめ問題に含まれるほとんどすべての要素が内包されていたからである。

1979年9月9日の早朝に、埼玉県内の公立中学校1年生が12階建てマンションの屋上から飛び降り自殺をした。少年の名は林賢一君。各新聞はこの事件を「いじめられっ子の自殺」として一斉に報道した。その後もNHKテレビのドキュメント番組「壁と呼ばれた少年」が放送され、評論家の小中陽太郎により「『ぼくは自殺します』――ある中学生の場合」が書かれ、ルポライター金賛汀によって事件のすべてを詳細に追跡した単行本『ぼく、もう我慢できないよ』が刊行されるなど、マスメディアの反響がきわめて大きく、1970年代後半からすでにいくつかあった学校いじめ事件には見られないような大きな動きであった(5)。この事件はしばらくの間、全国で「林賢一君」事件と個人名で呼ばれた。

ちなみに、1986年2月には、東京都内中学校2年生の鹿川裕史君が「葬式ごっこ」などでいじめられ、岩手県盛岡市駅前の公衆トイレ内で自死しているのが発見された。この事案は「鹿川裕史君」事件（ないし「葬式ごっこ」事件）と呼ばれた。また1994年11月の愛知県内中学校2年生のいじめ自死事件が「大河内清輝君」事件と呼ばれてきたように、世論の強い関心を引き付けた諸事案に並ぶ。被害者の個人名で事案が呼ばれて広く論議の対象となったのは、各事案がそれぞれ従来にはない新しい特徴を有したからである。林賢一君事件は、いじめが自死を生じさせるという思いがけない事実を広く世間に突きつけ、1980年代のいじめ社会問題化の先駆けとなった。鹿川裕史君事件では、葬式ごっこに加わった教員がいじめ問題では初めての懲戒処分（諭旨退職とされた担任教員をはじめ関係教員6人が懲戒処分）を受けた。大河内清輝君事件では、残されていた長文の遺書全文が地元新聞に掲載され、その内容からいじめ行為が実は多額の恐喝犯罪であったことが明らかになった。

さて、林賢一君事案を検討すると、二つの特徴を指摘できる。一つは疑うことのない明示的なSOSサインが示されたことであり、もう一つはいじめ行為の原因として民族差別があったことである。これらの特徴はNHKテレビ番組でも、金賛汀によるルポでも明確に描かれた。そのルポから事実経過を紹介し、私なりのコメントを加えていこう(6)。

（1）明示的なサインとは、事件の3ヵ月近く前の6月18日に、賢一君が「学校に行ってもいじめられるのがつらい。学校に行っても面白くない……」との書き置きを残してマンションから飛び降り自殺を図ろうとしたが、決心がつかず、泣きながら家に帰ってきたことである。メモを残す自殺未遂ほど強力なサインはない。書き置きに3人のクラスメートの名前があったので、両親は学校に出向き「クラスで賢一がいじめられるようなことがないように指導して欲しい」と担任の女教師に書き置きを見せながら頼んだ。保護者から要望があったということは、明らかなサインをさらに強固にする訴えが学校になされたということである。今の「いじめ防止対策推進法」なら「重大事態」（同法第5章「重大事態への対処」）に相当し、「事実関係の調査を行うこと」、そして「必要な情報を適切に提供すること」が義務づけられているが、当時は未だ法律もなく、きわめて不十分な対処であった。

中学校側は明らかなサイン発信をどう受信したか。ルポ単行本に収録された各種の新聞記事と、自殺から3ヵ月以上経った12月に、この事案の「調査報告書」（以下「調査報告書」）が市教委教育長と校長によって遺族に報告され、それが正式の文書となったので、その内容から学校としての受信の実態とその対処法が浮かび上がる。

いじめによる自殺未遂は担任から教頭、校長まで伝えられてはいる。「いじめ防止委員会」が未だなかった時代だから「生徒指導委員会」が扱うことになるが、そこで論議されたかどうかは「調査報告書」では不明のままである。仮に議題に上がっていたとしても、生徒指導に関するあらゆる事項が審議される会議で、いじめによる自殺未遂が集中して議論できたかどうかは疑問である。つまり、「少数的受信」はあっても「組織的受信」になっていない。つまり「重大事態」としては受信されておらず、危機的ケースという受け止めをした形跡はない。自殺未遂という信じられない事態を前にして、学校としての戸惑いやうろたえがあったのだろうか、あるいは家族と微妙な点までやりとりしないといけない厄介なケースだと考えられたのだろうか。いじめ問題の対処の方法も未だ分からない時代だったから、思わず目を逸らして曖昧なまま事態が推移したのではないかと想像できる。もちろん、担任はそれなりにクラスにはたらきかけてはいる。9月の自死後の担任の話が載った新聞記事を再引用する。

〈担任〉6月の事件後、子供たちには、皆で一人をいじめるのは良くないと注意していました。林君は内向的で皆の中にとけ込みにくい性格だったので、つとめて話しかけるようにしていました。表面的にはいじめることもみられなくなったので、少しずつ良くなってきたと思ったのに…林君の心の中に入りきれなかった自分に力がなかったと反省しています。（『読売新聞』1979年9月10日付）

この短い語りだけから受ける印象が二つある。第一に「いじめは良くない」とクラス全体に単に注意しても、いじめは陰でまた繰り返されていくのが常である。いじめ加害者には加害意識が無い場合がほとんどであり、仮にあったとしても、なぜ悪いのか本当には分かってはいない。そこで、何よりも林君自身から事実経緯を聞いて、その辛く苦しい気持ちに教師がじっくりと耳を傾けることが先決である。第二に加害者として名前が挙がった3人にそれぞれ別個に問い質すことが不可欠である。「いかなる言動をしたのか、その理由は何か、その言動が林君にいかなる感情を抱かせるかを考えていたか」など。以上のように細部の状況を知ったうえで、「生徒指導委員会」に報告して教員同士で議論し合い、関連情報を出し合って経緯を詳細に明らかにし、林君と両親、そして生徒たちに対して急ぎ対処する方策を学校として打ち出すのが当然に踏むべき受信の手順である。子ども一人のいのちがかかっているだけに、すべてに優先される案件である。

次に、林君に「つとめて話しかけるようにしていた」「林君の心の中に入りきれなかった」という言い方には、どこか教師中心の姿勢が見え隠れする。あくまで被害者である林君の辛さや苦しさを知ろうと努め、「先生は味方だよ」と感じてもらう「関係づくり」こそ担任の仕事だったはずである。

以上のような一連の諸手順を踏むことが「サインの受信」プロセスとなる。「明示的」サインだと受信しやすく、「黙示的」サインだと受信しにくいとは限らない。「明示的」な場合でも正しく受信されないことがあり、このケースがそうである。受信とは「個人的ないし少数的受信」と「組織的受信」すべてを含む学校組織の危機管理プロセスの全体に関わるからであり、学校マネジメントそのものに関わると言ってよい。自殺未遂という明示的サインに対して緊急かつ十分な受信プロセスが存在していれば、一人のいのちを救えたかもしれない。この事案からも分かることは、一般に言われる「サインの見逃し」といったありきたりの言い方ではなく、「サイン受信プロセスに弱点があった」という分析的な表現がより適切だろう。

（2）ＮＨＫテレビ番組とルポ単行本が共通してこだわったのは、いじめの背後に民族差別が潜んでいる事実であった。賢一君は、日本生まれで在日朝鮮人2世の父親と日本人の母親の間に生まれた3世であった。近所を取材して廻ったＮＨＫテレビ番組によれば、大人の誰もが林君が日本人とは違う点を密かに口にしていた。そして賢一君は小学校時代からのけもの扱いをされていじめられていたことも明らかになった。小学校時代のクラスメートを一人ひとり取材して廻った金賛汀も、ルポで以下のように結論づけている。

クラスメートの多くは賢一君が朝鮮人であることを知っていたし、嫌っていた原因はそこにあるということがわかってきた。…子供たちはどこからか、民族差別感情を持ち込んでいたのである。それは当然、大人達の意識の反映であろう。…子供社会で明確な差別感情が芽をふき、どんどん大きくなっているとき小学校では、教師はそれをどう感じていたのであろうか?(7)

今でこそ国際結婚や朝鮮民族に対する感覚も変化して排他的意識もかなり少なくなっているが、当時は民族差別が未だ強く残っていた時代である。しかも当時のこの地域は人口急増の首都圏ベッドタウンで人の出入りが激しく、不安定な地域社会に新設されてから5年目という中学校だったことを考慮すると、学校組織が統一性をもちにくく、落ち着いた学校生活でなかったとすれば、差別的言動が容易に現われやすい状況だったろう。

実は「調査報告書」は中学校が自主的に作成したのではなく、この事案に懸念を抱いた民族団体と市民団体が両親と共に学校と市教委に対して要望したからであった。しかし、この「調査報告書」は教師の聞き取りだけで作成されたもので、両親が知った事実とは内容がまったく異なり、いじめの事実は認められておらず、差別の問題にも触れられていなかった。そこで、民族団体と市民団体は再度、市教委に調査のやり直しを要望した結果、最初の「調査報告書」から4ヵ月ほどたった1980年3月に2回目の「調査報告書」がまとめ直され、教育長が市議会で報告した。その概要は三点に要約できる。①いじめが存在したことを認める、②自殺未遂後の指導に適切さを欠いていた、③本事案が民族差別により発生したものであるという事実については断定するまでには至っていない。

このような改訂版「調査報告書」が出されたことは、最初の調査がどれだけ形だけの粗雑なものであったかを示しており、遺族が学校に寄せる信頼感を失墜させた経過を文書で証明することとなった。この間、学校と市教委がとってきた態度は、組織防衛に終始し、いじめを「隠蔽」する体質を露呈したことになった。なお、両親は民事裁判に問う方法も模索したが、当時はいじめ裁判がまだ定着しておらず、市教委による「和解金」の支払いに応じるしかなかった。

以上のように見てくると、林賢一君事件はその後の学校いじめ問題に含まれるほとんどすべての要素を内包していた。それらを次に列挙する。

（1）学校いじめは、被害者を自死に至らしめるまでエスカレートする場合がある。
（2）学校いじめについても、伝統的「習俗」によく見られる仲間同士のけんかのようにイメージしてしまう。
（3）いじめ事案について、学校組織あげての調査や検討が円滑に運ばれない。
（4）何らかのＳＯＳサインが発せられているにもかかわらず、そのサイン受信プロセスが適切にはたらかない学校組織上の障害があり、組織防衛に流される結果、事件の隠蔽となりやすい。
（5）いじめ事件後の、保護者との関係が不適切で、不信感を抱かせる可能性が大きい。
（6）いじめは差別と部分的に重なる。

（1）～（5）は、その後の長きにわたって途切れることなく全国のいじめ問題に共通する諸要素であると言える。ただし、（6）については、これまでいじめ問題でまったくと言ってよいほど言及されてこなかった。そこで、いじめと差別が部分的に重なることについて、一般的に論じておきたい[8]。

結論的に言うと、「いじめ bullying」と「差別 discrimination」には共通する面と相違する面がある。両者は人間関係において、力関係を作り出し、他者を貶めて自分の優位性を強制的に確保する行動であり、人間の尊厳を侵害するという点では同じである。差別には一方で「見下げる」、他方で「排除する」の二つの作用があるが、いじめにもこれら二つの作用がある。いじめでは物理的な力を行使して（身体への攻撃だけでなく、暴言やネットいじめなども含む）、相手を無力化し、存在の価値を剥奪するのが「見下げる」に相当する。無視したり、仲間外しをするのが「排除する」に相当する。ただし、いじめが恐喝を伴う場合は、「排除」ではなく「隷属」関係を保ちながら金銭を強要することになる。このようにいじめと差別には共に「見下げる」作用がある。そして「排除」作用が強化されると「差別」の性格を強く帯びる。

他方、両者に違いもある。差別の大きな特徴は、人種や民族、国籍、本籍、性別、障碍、疾病、学歴、職業など「身体的・社会的属性に基づいて見下げ、排除する行為」であり、就職・結婚差別をも含む点にある。いじめの場合も身体的属性（体型、性別、障碍など）や社会的属性（人種・民族・国籍など）に拠る場合もあるが、差別と比べると多くはそうした属性とは関係なく、あらゆることが理由にされていじめは生起するし、就職・結婚差別までには至らないのが差別と異なる。

最近では「いじめは人間として許されない」とよく言われるようになった。それはいじめが差別と同じく基本的な人権問題であるという認識を指している。そうであるなら、差別に触れないままでは人権問題として論じることにはならない。林賢一君事件は、単なるいじめを越えて明らかな差別事案であったことを銘記すべきであり、それが人権教育としての扱いとなる。

4　ＳＯＳサイン受信プロセスに潜む弱点

いじめ件数全体からすれば数こそ少ないとはいえ「重大事態」としてのいじめ自死事件の後で必ず指摘されてきたのは、学校が「サインを見逃す」つまり「サインの受信プロセスに弱点がある」という点であった。弱点を抱え続けてきたのがこの40年間の歴史であったとさえ言える。逆に言えば、弱点さえなければ、自死は防ぐことができたはずである。そこで次に、最近大きく話題になった別の事案を取り上げながら、学校が弱点を抱え続けてきた原因は何であるのかについて、さらに一般化して考えてみたい。

「いじめ防止対策推進法」が制定されてから2年経った2015年7月5日に、岩手県矢巾町で中学2年生の村松亮君が電車に飛び込んで自死した（遺族が氏名のメディア公表を了承した）。その後、学校の全校生徒へのアンケートで複数がいじめを疑わせる行為を目撃したと答えたことが分かるとともに、担任と交わしたノートに同級生からのいじめや自殺をほのめかす記述を3ヵ月にわたって残していたのに、その記述が学校全体で共有されていなかったことも判明した。この中学校では同法に従って「本校のいじめ防止基本方針」を策定済みだったが、方針に盛り込んだ「こころのアンケート」が実施されたのは予定されていた5月ではなく、6月中旬にずれ込んだうえに、被害生徒が「いじめられたりすることがある」と回答したアンケートを担任は自分の手元に置いたままにしており、教員間で回答情報が共有されてはいなかった。法律の指示を守っていなかったと判断したのであろう、文科省は生徒指導室長を矢巾町役場に派遣した。室長が聞き取り調査をおこなった結果、「いじめがあった可能性が十分ある」との見解を新聞取材に示した(9)。

こうした一連の経緯のなかで、担任と4月から毎日のように交わした「生活記録ノート」(以下「ノート」)がそのまま新聞に大きく報道されたために、そのノートの記述に全国から関心が集中した。担任が「サイン」を見逃したのではないか、という疑義の声が上がったのである。まずはそのノートの一部分を引用する(10)。本人の記述に対する担任のコメントは《 》で示した。

〈4月7日〉今日は新しい学期と学年でスタートした一日です。この今日を大切に、出だしよく、終わりよくいたいです《新しいメンバーで戸惑うと思うけど、みんなと協力してがんばろう。よろしくお願いしますネ》

〈4月17日〉最近○番の人に「いかれてる」とかいわれましたけど、けっこうかちんときます。やめろといってもやめないことがあるし、学校がまたつまんなくなってきたような。《?·どうした何があった》

〈4月20日〉なんか最近家でも学校でもどこでもイライラするような気がします。いいことないし、しっぱいばかりだし、もうイヤダ嫌ーです。だったら死にたいぜ☆《みんな同じ。環境が変わって慣れていないからね。がんばってね》

〈6月4日〉体はつかれはて、思うようにうごかなくなりました。学校にはいけませんでした。金曜はいこうと思います。《トラブルはもう大丈夫かな?·何かあったかこのノートにかいてみて》

〈6月8日〉実はボクさんざんいままで苦しんでたんスよ?なぐられたりけられたり首しめられたり、こちょがされたり悪口言われたり!　その分を（全部だしていないけど）ちょっと放ったんですヨ。《そんなことがあったの??　それは大変、いつ??解決したの?》

〈6月28日〉ここだけの話、ぜったいだれにも言わないでください。もう生きるのにつかれてきたような気がします。氏（死）んでいいですか?（たぶんさいきんおきるかな）《どうしたの?　テストのことが心配?クラブ?クラス?元気を出して生活しよう。（男子生徒の名）の笑顔は私の元気の源》

〈6月29日〉ボクがいつ消えるかはわかりません。ですが、先生からたくさん希望をもらいました。感謝しています。もうすこしがんばってみます。ただ、もう市（死）ぬ場所はきまってるんですけど。まあいいか《明日からの研修たのしみましょうね》

担任は嫌がらせをしたという生徒とも面談をして注意するなど、それなりに生徒指導に動き廻っていたようである。しかし、この6月29日のノートでのやりとりの後、1週間もしないうちに村松君は自らいのちを絶った。ノートの記述に沿って、「サイン受信プロセス」に潜む弱点として考えられることを指摘したい。

（1）「教師の感性」はどうなったか。担任との交換ノートが毎日やりとりされるのは生徒指導にとって一つの方法であろう。ただし、生徒全員について毎日書いて返すのは教師にとってかなりの負担であり、何のための交換ノートか、について常に確認しておく必要がある。それはあくまで生徒理解の一つの手段であって、下手をすると書くことが自己目的になりかねず、形式化して中味がおざなりになりやすい危険性をはらむ。生徒の方でも文字ではうまく書けない場合もあるはずであり、ノート交換が教師とのコミュニケーション手段になるとは限らない。ノート交換以外にも、朝のあいさつで個々の生徒の表情を掴んだり、授業中の言動を観察したり、休み時間に無駄話をし合ったり、放課後に短い面談を入れたり、部活での様子を顧問教師から聞いたり、生徒理解の手段はさまざまにありうる。要するにノート（文字表記）という形態に頼りすぎることで「教師の感性」が鈍麻してはいないか、という疑いである。ここで「感性」というのは、一般的な語義では「対象からの刺激を直感的に感じとることのできる能力、感受性」であるが、「教師の感性」とは「子どもの成長発達を常に念頭に置き、彼らの言動に関する疑問や問題性、課題性を瞬時に感じとって、対処行動を具体化することのできる資質・能力」となる[11]。

被害生徒である村松君の記述はひっきりなしに刺激を発しているわけだから、それを瞬時に感じとって、本人と面談して記述の意味を率直に語ってもらうように接することが先決である。そうした対処行動をしたものかどうかを自分で判断しにくい場合には、同僚や管理職に対して、その記述をどう読むべきかについて相談することぐらいはすぐにできるはずである。相談することも、記述から発せられる刺激に対する受信の行動となる。その相談さえしていなかったとすれば、このノートは書くことが自己目的化した単なる文書に止まり、何のためのノートか分からない。かつては教師が実践を語るときのキーワードの一つであった「感性」が、今はあまり使われなくなっているようである。もしそうならば、それは教員の多忙化はもちろん、学校運営上の文書主義やアンケート主義の影響を受けるなかで生じているということなのだろうか。

（2）青年前期（思春期）の特質を念頭に置いていたか。村松君が書いている記述は冗談のような内容で無視してもよいと担任は軽く判断したのかもしれない。しかし、中学生の心理的特徴として「ボクがいつ消えるか」と軽口を言っているように見えて、本当に「消えてしまう」ことが実際にありうることは、これまでの自死案件で実際に示されてきた通りである。

大人の誰もが経験しながらも、ほとんど忘れているように、青年前期（思春期）の特徴は身体が大人になっていくときの不安定さにある。まだ「自分」を理解できていないし、対人関係能力も育ってはいない。その不安定な状態から、いじめだけでなく暴力や非行も含めた攻撃的行動が現われがちになる。したがって、小学校高学年から中学生を経て高校1～2年生くらいの子どもたちに対して、教師はいじめをはじめ暴力や非行などが現出しやすいことを発達上のごく自然な現象として常に念頭に置き、すぐさま対応できる体制を確立する必要がある。こうした体制が備わっていないとサインの受信は困難になるだろう。青年前期（思春期）の特徴については、次の第Ⅲ部1で詳しく述べたい。

（3）同僚教員間連携（同僚性）が確立しているか。先ほど、ノートで気になる記述をどう受け止めたらよいかについて同僚や管理職に相談することはすぐにできるはずである、と述べた。言うまでもなく、教師は学校組織のなかで働くから「協業」である。ところが、クラス担任や教科担任という役割に就くので、ともするとクラスで一人でおこなう仕事だと勘違いしやすい。「協業」にちなんで「個業」（辞書にはない造語）という表現を使えば、教師を「個業」というイメージで捉えてしまうと、今の子どもたちの多様で不安定な兆候を掴み、即刻対処することは極めて難しい。「生活記録ノート」という形態も、もしかして「個業」のスタイルを強化する作用を及ぼしていないだろうか。いじめ問題は決して一人の教師で対応できることではなく、全学年と全校の教師集団が子どもたちと保護者の協力も得ながら対処すべき生徒指導の課題である。新聞報道の経過のなかで、実は1年生のときから「生活記録ノート」に同じような記述があり、当時の1年担任とも以下のようなやりとりがあったことが明らかになった。その一部分を引用する(12)。

〈7月23日〉部活でいじめられることはないのですが、クラスでいじめがまたいやになってきました。《きっと亮だけでなく、みんなが感じていること。三者面談で伝えますが、2学期、みんな変われるといいですね》

〈10月29日〉先生、僕の心の中がいま、真っ黒い雲でおおわれていますぅ。もう地中深くのどんぞこにおちたようなかんじです。先生ぇどうかどうか!どうか助けてください・・《どうしたのでしょう。最近イライラしているようですが、自分でストレスをうまく解消できるといいね。》

この1年次「ノート」を先ほどの2年次「ノート」と比較しながら考えられることが二つある。一つは1年生のときからいじめ被害が疑われるのに、2年の担任に引き継ぎされている気配がなく、二人の連携関係がもたれてはおらず、「協業」になっていないように思われる。二つ目に二人の担任は優しい表現で書いてはいるが、生徒との関係に距離があるのではないかと感じられる。村松君から繰り返しサイン刺激が発せられているのに、それを正面からしっかりと受信しないで、指導者として指導のことばを形式的に並べているだけではないかという印象を受ける。担任が生徒に寄り添うことができていないとすれば、それは教師の「個業」化と無関係ではないと考えられる。学校組織運営全体の核になるべき教師同士と教師‐生徒間それぞれの「絆」が切れているように思えるのである。

村松君の自死を「重大事態」と捉えた矢巾町は、弁護士や精神科医そして学識経験者の計6人から成る第三者委員会というべき「いじめ問題対策委員会」を設置し、事件から2ヵ月後に第1回を開催してから計31回の委員会を開き、事件から1年5ヵ月経った2016年12月に「調査報告書」を発表した。公表された「概要版」によると、冒頭の「本委員会が認定した事実」には、これまで私が指摘してきた受信プロセスの弱点が同じように明らかにされており、それを受けた「提言」が以下のように述べられている[13]。その内容は、日常の教育実践そして学校組織運営にとってごく当たり前の心得でありながら、実際にはその実行が実に難しいことを警告しているだけに、この中学校だけでなく、全国すべての学校と教師、そして地域の大人たちすべてが銘記すべき教訓と言える。

〈認定した事実 ―― 当該中学校の対応〉

…A（被害生徒）に関わる教員は、クラス及び部活動でのAの周囲で発生したもめ事やトラブルに関しては、全く対応していなかったというわけではなく、その都度個別には対応してきたと認められる。しかし、Aと担当教員との1対1の関係に留まり、教員集団全体での情報共有は十分とは言えず、当該中学校全体あるいは学年全体としてAに関わり、対策を講じることについては極めて不十分であったと認定する。

また、Aは、1年次から生活記録ノートに「死」ということばを記載していたにもかかわらず、関わる教員の多くは、それを「気を引こうとする」ための記載であるという理解に留めてしまい、Aの心理状態の深刻さについて思いを馳せ、より踏み込んだ介入をしていなかった。このことは当該中学校の不適切な対応であったと認定する。さらに、A自身が家族への報告を望まなかったことなどさまざまな理由があったとしても、Aが「死」ということばを記載したという事実について、一度もAの保護者に情報提供をしなかったことも、同様に当該中学校の不適切な対応と認定する。

〈提言〉

本委員会は、総括として、今後、子どもの自殺という痛ましい事件を防ぐための教訓は、大きく以下の2点に集約されるものと考えた。

①思春期の子どもは精神的に不安定であるという現実に対して、子ども自身も含め、子どもに関わる関係者全員が感度を高めること。

②子どもは発達途上であり、大人の助けを必要としているため、関わる大人たちが相互に協力するという体制づくり（あるいは整備、構築）が極めて重要であること。

なお、この「調査報告書」発表から4ヵ月、事件から1年8ヵ月ほど経って、矢巾町は「いじめ防止対策に関する条例」（条例第16号）を制定した。その基本理念のなかに、「いじめの根絶」という文言が用いられている点には違和感を覚える(14)。青年前期（思春期）の不安定な心理と仲間関係の絡み合いの状況を丁寧に解きほぐすことなしに、いじめの加害・被害を理解することはできない。感情的で情緒的なニュアンスが漂う「いじめの根絶」では、そうした冷静で客観的な理解を捨てることにもなりかねない。より適切な文言は、「いじめの克服」ないし「いじめの解決」である。すでに述べたように、いじめは早期に発見して、対人関係能力を培いながら、他者のことをおもんばかることのできる大人への人間的成長の踏み台となる契機として捉えるべきだと考えるからである。

【注】

（1）D・オルヴェウス『いじめ こうすれば防げる ―― ノルウェーにおける成功例』松井賚夫・角山剛・都築幸恵訳、川島書店、1995年、20頁。今津孝次郎『学校と暴力 ―― いじめ・体罰問題の本質』平凡社新書、2014年、28頁。

（2）今津孝次郎『増補 いじめ問題の発生・展開と今後の課題 ―― 25年を総括する』黎明書房、2007年、73～76頁。

（3）共同通信大阪社会部『大津中2いじめ自殺 ―― 学校はなぜ目を背けたのか』PHP新書、2013年、44～48頁。また、越直美『教室のいじめとたたかう ―― 大津いじめ事件・女性市長の改革』ワニブックス、2014年も参照。

（4）今津孝次郎『学校と暴力 ―― いじめ・体罰問題の本質』（前出）、58～60頁。

（5）小中陽太郎「『ぼくは自殺します』 ―― ある中学生の場合」『世界』1980年5月号、岩波書店。金賛汀『ぼく、もう我慢できないよ ―― ある「いじめられっ子」の自殺』（正続）一光社、1980年（講談社文庫判、1989年）。NHK総合テレビ「ルポルタージュにっぽん ―― 壁と呼ばれた少年」1980年5月24日放送、など。

（6）金賛汀『ぼく、もう我慢できないよ ―― ある「いじめられっ子」の自殺』講談社文庫判、1989年、11～73頁（「はじめに」「I　自殺にいたる経過」）。

（7）同書、228頁。

（8）今津孝次郎『学校と暴力 ―― いじめ・体罰問題の本質』（前出）、81～83頁。

（9）「朝日新聞」（名古屋本社版）2015年7月10日朝刊・夕刊。

（10）「朝日新聞」（名古屋本社版）2015年7月10日朝刊。

（11）今津孝次郎『新版 変動社会の教師教育』名古屋大学出版会、２０１７年、72頁。
（12）「中日新聞」２０１５年7月15日朝刊。
（13）岩手県矢巾町教育委員会ウェブページ「いじめ問題対策委員会 調査報告書」【概要版】ＰＤＦ、２〜３頁。
（14）同教育委員会ウェブページ「いじめ防止対策に関する条例制定」【全文】ＰＤＦ、２〜３頁。

2 「いじめ防止対策推進法」の意義と限界

1 いじめ問題へのまなざし

いじめ問題に関する初めての法律「いじめ防止対策推進法」が２０１３年６月に議員立法で制定された（同年９月施行、以下「いじめ防止法」と略記）(1)。その全文に目を通したときに私が抱いた率直な感想は、「ついに立法化されたか」という悔しい思いであった。学校いじめが１９８０年代に入って大きな社会問題となってから30年余り、学校教育関係者は全国各地での悲痛な経験を通していじめの捉え方や対処法について学び、解決に向けて努力を傾けてきたはずであった。ところが、いじめ自死事件は後を絶たず、ついに２０１１年10月の大津市立中学校２年生のいじめ自死をめぐって、２０１２年夏に警察が学校や教育委員会を捜索するという異例の事態となった。学校でのいじめはあくまで学校内で解決すべき生徒指導上の課題であり、また多くのケースは解決できている。文科省は２０１１年度よりいじめの「解決率」も調査するようになり、８割ほどは解決されたと発表している。ところが、深刻な「重大事態」に陥る事案も存在してきた。

安全であるはずの学校で生じる大きな悲劇は人々の学校に寄せる信頼を根底から揺るがすだけに、

政府・文科省そして国会までもが放置できずに対策を講じざるをえない。ごく一部だとしても学校や教師、教育委員会のなかに、個々の行為がいじめか否かといった点にだけ気をとられ、「学校の存立基盤」を危うくする問題という重大な判断がはたらいていないとしたら、それは学校教育を担う者として極めて視野が狭く、「重大事態」の意味を理解していないと言わざるをえない。

いじめ行為が進行していく過程を二つに区分して検討しよう。〔X〕当初はごく軽度のいたずらやからかい程度からスタートし、それで終わることもあれば、次のようにエスカレートしていくこともある。〔Y〕暴行や恐喝あるいは自死といった深刻な事件に至る場合が発生する。この〔X〕→〔Y〕という一連の過程に沿って位置づけると、〔X〕局面では「教育的対応」が取り組まれ、それが「いじめ防止」となる。危機管理上の用語で言えば、「リスク・マネジメント」に当たる。それに対して〔Y〕局面では「法的事件対処」が取り組まれ、それがいじめ事件事後処理になる。危機管理上の用語では、「クライシス・マネジメント」に当たる。

「危機管理」は現代の諸組織にとって不可欠の重要課題である。たとえば、企業や官公庁、病院などで何らかの不祥事が生じる。組織防衛本能として隠そうとするが、いずれ事実は明らかになる。そうであるなら逆に公表して謝罪し、経緯を説明して再発防止策を講じるという誠実な態度をとることが人々の信頼感を取り戻す早道である、というのが危機管理の常道である。こうした常道の知識・技術に学校組織はまだ馴染んではいない。学校は安全で平穏に楽しく過ごす場であるという理想的で価値的な捉え方が優先されるためか、学校の厳しい現実をあるがままに受け止めて「危機」状況を判断するという発想が未だ熟成されていないためであろう。

そのために〔X〕局面に対する「リスク・マネジメント」がおざなりになったり、〔Y〕局面では「クライシス・マネジメント」が機能せず、保護者との間に深い亀裂が生じて、学校に対する不信感が昂じることを何度も繰り返してきた。それだけに立法化の主眼は何よりも、「クライシス・マネジメント」の具体的な手順を新たに示すことにあった。〔Y〕局面では、暴行や傷害、恐喝など刑法犯罪の性格を帯びるから、「教育的対応」の範囲を超えており、「法的事件対処」を導入せざるをえない。自死という最悪の結果となったときは、その経過を詳細に調査し、どこに問題があったかを明らかにして、遺族に伝えるとともに、「リスク・マネジメント」局面に生かす方策を企図せねばならない。

とはいえ、「法的事件対処」で〔X〕局面にも向き合うのは、学校教育の取り組みを歪めさせてしまいやすい。たとえば、事件が生じないように子どもの行動を過剰に統制したり、常に証拠書類を準備するようにアンケートなどの文書を収集したり、小さないじめ事件でも子ども同士のトラブルにすぎず、いじめではないと処理して、常に学校組織防衛を図ったり、といった措置に流れやすいからである。重要なことは、日頃から「教育的対応」を最大限に発揮することであり、それこそ学校教育の責任であり、教師の専門性を発揮することである。つまり、〔X〕を〔X〕内に止めて、〔Y〕へと移行させない歯止めとすることにほかならない。ところが、いじめ問題の立法化によって、いじめの認知や解決法に「法的事件対処」に基づく発想法が広がって、立法化が「教育的対応」を薄めるような作用を及ぼすとすれば、立法化は逆効果ということになるだろう。

1979年の林賢一君の事案から私がずっと関心を向けてきたのは、いじめ行為そのものよりも、「いじめ問題へのまなざし」(その認識や解決に関する考え方)に「落し穴」があるのでは、という疑問であった。学校教育関係者だけでなく世論もマスメディアも「落し穴」にほとんど気づかずに、立法化まで30年余りの間、いじめ問題を完全に解決できなかったのではないか、というのが私の見解である。そのうえ「いじめ防止法」も、その「落し穴」をすべて埋めるものではないと感じられる。そのことについて次に述べていきたい。

2 「教育的対応」と「法的事件対処」

「いじめ問題へのまなざし」という視点から、「いじめ防止法」全文を読むと、その多くは特段目新しい内容ではない。いじめの定義については初めてだとはいえ、その文言はそれまでのいじめ調査基準を基にしたものである。しかも、いじめの禁止から始まり、いじめ防止基本方針、教職員の責務、いじめ防止委員会、加害者の懲戒（出席停止）、保護者や関係諸機関との連携などは、これまでにも事件が起きるたびに文部（科）省が教育委員会を通じて繰り返し通達してきたものである。目新しいのは、国や自治体の責任の明確化と財政上の措置、そして「重大事態への対処」方法を挙げたことである。この「重大事態への対処」は、大津市立中学校事件が制定のきっかけになったことを如実に物語る。先ほどの〔Y〕局面への綿密な対処が要請されたからである。つまり、人々が寄せる信頼を揺るがして「学校の存立基盤」が崩れることのないように、事件が生じた後に急ぎ対処する対策の構えである。

しかし、一口にいじめと言っても軽度なものから深刻なものまで、対面関係による伝統的なものからケータイ・スマホ・ネットによる新しいものまで多様であるにもかかわらず、施策の目的が「学校の存立基盤」への信頼回復である以上、多種多様ないじめを一括して「いじめを無くす」「いじめの根絶（撲滅）」という一言で声高に叫ぶような雰囲気を導き出してしまう。このスローガンは「学校でいじめがあってはならない」という切羽詰まった判断に至り、「よくある子どものけんかで、いじめではない」といったすり替えによっていじめ件数に数えなかったり、「本校にいじめは無い」、「自殺といじめとの関連は無い」という判断によって、思わず学校組織防衛に走る結果、隠蔽に繋がる予断を生じやすくする。

たしかに立法化によっていじめ問題に対処する「かたち」は強固に整うかもしれない。どの学校のウェブページを見ても、「本校のいじめ防止基本方針」が掲げられている。しかし、その「方針」は各教育委員会が示すひな形に基づくものがほとんどで、各学校に勤務する教員が最初から勤務校の子どもの実態を踏まえながら、全員が苦労して作り上げたものとは言い難い。毎年のように教員異動がある春の段階に、校長をリーダーとして全教員がその「基本方針」に即しながら、子どもたちの実態をどう見て、いじめ防止にいかに取り組むのかについて、校内でどこまで意思統一を図っているだろうか。全校の意思統一こそ対応の「こころ」の核心にほかならない。法は「かたち」を整えることを求めるが、「こころ」を発揮するのは依然として教師たちの実践である点では何ら変わりはなく、日常的な「教育的対応」の発想に基づく。では、その発想の核心は何か。それは青少年の「発達」過程に着目することである。繰り返すが、子どもたちは昔から気軽に（無意識のうちに）いじめを繰り返してきたという事実を想起し、学校でのいじめは小学校高学年から増加し、中学生でピークになって、高校生になると減少するという傾向に注目する。この傾向は青年前期（思春期）の子どもから大人への不安定な段階では、いじめや非行といった攻撃的行動が現われやすくなるという「発達」的特徴に関わっている。詳細については第Ⅲ部1で論じたい。

最近では「いじめはどの学校でも起きる」と言われるようになった。表面的事実で言えばその通りであり、学校の存立基盤が脅かされることを恐れる文科省の考えが滲み出てもいる。ただし一歩踏み込めば、この言い回しは適切ではない。第一に、いじめ問題の責任を学校にすべて押し付ける作用を及ぼす。子どもの不安定な段階での「発達」的特徴に関わっているのであれば、学校に限らず、保護者や地域の大人たちすべてが関わるべき課題である。第二に、それは「法的事件対処」発想によるもので、いじめの仕組みについては何も説明してはいない。むしろ「いじめは青年前期（思春期）に起きやすい」と言った方がいじめの核心に一歩でも近づく。そして、そこから青少年が自立と自律に向かう「発達課題」としての「いじめの克服」が浮かび上がる。そうした「教育的対応」発想に立ってこの発達課題を達成するのは、学校だけでなく地域全体の共通課題なのであり、学校と保護者、地域の諸機関の連携がおのずと要請されてくる。

「いじめ防止法」で最大の焦点となった「重大事態」に対して、学校が「調査報告書」を作成するケースも全国で見られるようになった。ただし、この調査報告書作成の仕方が未確立だと感じられるので、検討しておこう。第一に誰が作成する調査報告書であるか、第二に調査報告書がどれだけ目的に沿って誠実な姿勢で精緻に作成されているか、第三に調査報告書をどのように公表するか、である。

第一について。重大事態が生じた当該学校によるもの、当該学校を管轄する教育委員会によるもの、さらには第三者委員会によるものとさまざまな作成主体が考えられる。当該学校が作成するのは教育実践の場であるから、あくまで「教育的対応」に基づく検証となる。とはいえ、校内教員だけの検証ではどうしても客観性に欠けやすく、事実認定に歪みや誤謬、欠落が生じやすい。そこで、校内教員以外の学校評議員など他者の眼を借りるなどした方が、客観的な検証性を高めることになる。他方、教育委員会や第三者委員会は「教育的対応」と「法的事件対処」の二つの視点から検討することになるだろう。大津市立中学校事案では市長が第三者委員会を主導し、学校教育関係者以外の中立的なメンバーが選任されて、事実が包括的に検証された。

第二について。事実を詳細に明らかにし、当該学校の教育を的確に検証し、今後の改善方向を具体的に打ち出す内容となり、他の学校教育関係者にとっても参考になるものでなければ調査報告書の意味はない。大津市立中学校事案の調査報告書は信頼に耐えられる報告書として一つの到達モデルを示すことになった。学校や教育委員会が単に形式的に調査委員会を立ち上げて、上滑りの調査でお茶を濁すような内容に止まれば、学校や教育委員会がいっそう不信感をもたれるだけで調査報告書の意義はない。事実、最近も調査報告書作成をやり直すようなケースが生じている。たとえば、2014年1月の鹿児島県立高校1年生自死事案で、県教委が設置した第三者委員会が2017年3月に「いじめを判断できない」としたが、遺族の要望を受けて知事部局による再調査委員会が設置されて再調査した結果、いじめを自殺に至る主な要因とする報告書を2019年3月にまとめている(2)。要するに、再調査報告書は〔X〕局面のリスク・マネジメント自体が不完全であったことをあぶり出したことになる。すでに述べた林賢一君事案では、最初の「調査報告書」が事実と違うという批判を受けて再度作成され直された経緯があった。そうしたずさんな対応が40年後の今もなお続くとは、どういうことなのだろうか。

第三について。調査報告書の公開の是非については、すべてのケースに共通する明確な一般的方針を掲げることは難しく、そのつど判断していくことになるだろう。大津市立中学校事案での第三者委員会の調査報告書は市長の強い意向もあり公開のモデルとなった(3)。他方、当該学校や教育委員会による調査報告書の場合は、作成が急がれて調査期間も短くならざるをえず、また文書作成に慣れない場合には、公開に足る内容に達しないこともあろう。それに生徒や保護者(遺族を含む)が公開を希望するかどうか、あるいはどの程度の公開とするかの要望を受け止めることが何よりも配慮すべきことであり、〔Y〕局面のクライシス・マネジメントの主要論点となる。その配慮を欠いたまま一方的に非公開にされてしまうと、「何か隠したいことがあるのでは」といった不信感や疑念をもたれてしまう。第三者委員会による場合は、事案学校名や被害者名を記載しない報告書「概要」について、原則公開にしてよいだろう。岩手県矢巾町も「概要版」をネット上に公開している。

それよりも問われることは、公開する、しないの判断より以前の課題として、何のための調査報告書作成なのか、検討すべき点は何か、何がどのように書かれるべきか、についての基本方針が確立しているかどうか、である。少なくとも被害者(遺族)が何を望んでいるか、子どもたちや全校保護者が何を希望しているかを十分に踏まえたうえでの調査報告書作成でなければならない。この点が満たされていたら、公開の可能性は高くなるはずである。そして、各学校が制定している「本校のいじめ防止基本方針」が本当に試されるのも、この調査報告書作成に対する基本姿勢の在り方である。それだけの覚悟をもって、基本方針が策定されて各学校のウェブページにアップされているのかどうかが、改めて問われてくる。

3 いじめの調査基準と法的定義

さて、いじめ行為の捉え方がいつも問われるが、これまでは文部省が1985年度に初めていじめ実態（意識）調査を開始した際の「調査基準」が手掛かりであった。その基準は文科省によって2007年に改定され、その改定基準が「いじめ防止法」でのいじめ「定義」の原型となった。まずは1985年度の調査基準である。

①自分よりも弱いものに対して一方的に、②身体的・心理的な攻撃を継続的に加え、③相手が深刻な苦痛を感じているものであって、④学校としてその事実――関係児童生徒、いじめの内容等――を確認しているもの。なお、起こった場所は学校の内外を問わないものとする。（数字の項目分けは引用者）

ただし、この最初の調査基準はかなり曖昧で分かりにくい部分があり、学校現場ではいじめを見極めにくい基準となった(4)。

（1）「弱いもの」について。弱いというのは、複数者が取り囲んで弱い立場に追い詰めるようなことであって、個人的な弱さが特定されるわけではない。また、弱い立場に追い込まれていじめられた者が、次には強い立場に移行していじめる側になることもしばしば指摘された。弱い、強いといっても、状況のなかで変わる相対的な性質をもつ。

（2）「継続的」について。どの程度の期間か曖昧である。1回でも苦痛が大きければいじめと認める、という意見もある。海外では継続でなくてもいじめと認めるケースが多い。

（3）「深刻な苦痛」について。苦痛は被害者がことばで訴えられないほど強くても、表面上は苦痛を隠していることもある。観察しにくい場合はいじめの判断は難しい。

（4）「確認している」について。教師と学校が確認していない場合は統計に上がらない。つまり、学校から教育委員会を通じて報告されていく文部省統計数は、いじめの実態を示しているのでなく、実態は統計より多いはずである。こうしていじめ調査は「実態」でなく、教師と学校がいじめをどう見ているかの「意識」調査にほかならない。この点については多くの批判が出されたので、その後は基準から外された。

以上のように、最初の調査基準は二つの大きな問題を内包していた。第一にいじめ全体の実態を精確に把握する基準ではなかった。いじめ問題が大きく議論されると件数が増え、議論が下火になると件数が減るといったデータに示される奇妙な変動は、いじめ件数の年次変化を表わす「実態」の基礎統計としては耐えられないもので、むしろ学校側がいじめをどう眺めるかの「意識」が反映されたものである。いじめの「重大事態」が後を絶たない状況に業を煮やした文科省は２０１６（平成28）年度調査で、けんかと見間違うようなどんな小さないじめでも報告するよう指示したところ、前年度から一挙に10万件も認知件数が増えた。それこそ「意識」調査であることを物語っている。いじめ調査が開始されてから25年間ほどはいじめ報告件数は少ない方がよいと言われていたのが、その後はいじめ問題解決のためにいじめ報告件数は多くてよいとされるようになった。こうした方針の変化を踏まえるなら、問題の本質は数値の多少ではなくて、いじめをどう捉えるかについてどれだけ掘り下げて検討するか、である。

第二に②の加害行為に注目するか、あるいは③の被害感情を重視するかで、いじめの捉え方は異なる。②に注目すれば外見上観察しやすいいじめに偏りがちで、③の内面は見落とされやすい。内面の様子については、複数の教師ないし学校全体が常日頃からどんなささいなことでも情報交換していないと、把握は難しい。

こうして曖昧で不明確な最初の調査基準がほぼ同じ内容で20年あまり続いたことは、学校と教師がいじめ問題を精確に理解するうえでの障壁となってしまった。その後も相次ぐいじめ自死事件を受けて、２００７年度には調査基準が次のように大幅に修正された。いじめの実態をできるだけ包括的に捉えるために、文言はシンプルな表現となった。そして、公立小中高校だけが調査対象だったのが、国・私立にも調査が拡大された。そして、いじめの「発生」件数ではなく「認知」件数とし、アンケートなどで児童生徒から状況を聞き取る機会を設けるよう求めるなど、いじめ調査は教師や校長にとって実務的にも煩雑な作業になっていく。

①児童等が一定の人間関係のある者から、②心理的・物理的攻撃を受けたことにより、③精神的苦

痛を感じているもの。（数字の項目分けは引用者）

この改定基準の発表から6年後の2013年に、この基準内容がほぼそのまま「いじめ防止法」第二条でいじめの「定義」となった。

第二条　この法律において「いじめ」とは①児童等に対して、当該児童等が在籍する学校に在籍している等当該児童等と一定の人的関係にある他の児童等が行う②心理的又は物理的な影響を与える行為（インターネットを通じて行われるものを含む。）であって、③当該行為の対象となった児童等が心身の苦痛を感じているものをいう。（数字による項目分けは引用者）

改定版調査「基準」と「いじめ防止法」の「定義」についても、なお不十分な箇所があるというのが私の見解である。一言でいうと、この定義では客観的すぎて、学校現場や地域社会が解決に向けて状況に介入する方向に向かうという積極性に欠ける。さらに細かく言えば、第一に「一定の人的関係にある」という箇所が具体的に分かりにくい。多様なケースを広範にカバーしたいという趣旨ではあろうが、青年前期（思春期）の発達的特徴を踏まえながら、いじめの関係について踏み込んだ表現にすべきではないか。第二にすでに述べたように、「いじめる者 bully」と「犠牲者 victim」との関係としての「いじめ問題 bully/victim problems」という英語表現が説得的であり、日本語でも「加害者」と「被害者」という明確な用語で関係性を強調すべきである。2007年に文科省が改定版基準を発表した際、私自身はいじめを次のように定義した[5]。

①子ども同士の力関係のなかで、弱者の立場に置かれた被害者に対して優勢な立場にある加害者が、②一時的または継続的・長期的に、身体的、言語的、金銭的、あるいはケータイ・ネット上などさまざまな面で有形・無形の攻撃を加え、③身体的・精神的な苦痛をもたらすこと。

この私の定義の趣旨は、子どもたちに出現しやすい仲間同士の「力関係」に注目し、明確に「加害者と被害者の関係」として捉えて、人権侵害を正面から見据え、その克服と互いの人権を尊重し合う関係の確立という教育課題を提起すること、である。要するに、いじめは英語で「ハラスメントharassment」とも表現されることから分かるように、加害者がいじめを意図しているかどうかは問題ではなく、何らかの行為が結果として相手に大きな苦痛を与えたときに、いじめが成立するという判断である。

それだけに、法の定義に即して何らかの言動がいじめであるかどうかを判定することに汲々とするのはあまり意味がないのではないか。それは、1980年代後半から全国で提起されるようになった「いじめ（民事）裁判」の様子を想起すればすぐに気づくことである。原告であるいじめ被害者側がいじめ加害者側に対して「いじめがあった」と主張すれば、いじめ加害者側とされる被告側は「いじめをしたつもりはない」「それはいじめではなかった」と反論することが繰り返されてきた。実際のところ、原告が勝訴する場合もあれば敗訴もする場合もあり、判決は分かれる。「法律の原理」では

「客観的に立証」できるかどうかで争われる。しかも裁判官のいじめ認識にも判決が左右されるかもしれない。要するに、いじめは個別具体的な文脈を抜きにして判定することはできず、客観的な証拠を揃えるのも難しいから、いじめ問題は基本的に裁判にはそぐわないと考える。それに、問われているのは教師の子ども理解やいじめ克服の実践に向かう「感性」であって、定義を形式的になぞることではない。さらに言えば、法律条文そのものではなくて、その法律を「教育の原理」の観点からどう受け止めるかにこそ意味がある。

「いじめ防止法」によって「事件対処型」発想がいっそう強まり、学校組織を管理運営する「かたち」面の取り組みに集中するのではないか、と危惧される。重要なことは、子どもたちが発達する過程で直面する「いじめ問題」をいかに克服していくのかという「こころ」面からの地道な教育実践である。そうした実践的「教育対応型」発想によって、一人ひとりの児童生徒と丁寧に向き合うというごく当たり前の日常的取り組みが置き去りにされてはならないだろう。

4　いじめ防止の「かたち」と「こころ」

「こころ」面からの地道な教育実践事例を二つ挙げよう。大学の私の授業「教育原理」でいじめに触れた後、受講生が提出したレポートには、自分たちが小学校時代に経験したことが紹介されている。最初は、クラスで担任がいじめの話をしてくれた事例である。

小学校6年のとき、担任の先生が道徳の授業で、ある少年が受けたいじめの話をしました。それについてどう思ったかなどみんなで話し合ったりしました。その話が実は担任が実際に受けていたいじめであったことを、授業の最後に告げられ、すごく印象に残りました。休み時間でもそのいじめについてクラスの友達と話し続けたくらいでした。先生が自分の体験談を話すことも子どもにとっては本気で考えるきっかけになるのではと思います。〔大学生レポート①〕(6)

この実践事例は、道徳の授業でいじめを取り上げるごく一般的な「かたち」ではあるが、自分の体験談を伝えているところに形式的ではなくて、子どもたちに身近に訴える迫力がある。教科書や副読本の物語、問題事例集のプリントを教材にすることはごく普通におこなわれているが、教師が自らを語るというスタイルは、子どもたちに「こころ」を感じさせることができよう。しかも、最初はそれを隠して最後に自分の体験だと明かすところにいっそうの迫力を生じさせるし、教師自身がいじめを自分の問題として理解する基盤づくりがなされていることの証左でもある。この教師は子どもたちのSOSをすぐさま適切に受信できる資質・能力を兼ね備えているはずである。

もう一つ、別の受講生がレポートに綴った地道な実践事例を紹介しておこう。「いじめの有無が学校評価の基準になるか」という私の問いかけに応えて書かれたものである。

いじめがあることで悪い学校、いじめが無いことでいい学校とは言い切れない。というのも、私の小学校は地域からも評価が高い学校で、自分でもすごく良い学校だったと胸を張って言える。しかし、いじめが無かったわけではない。私自身が嫌がらせを受けたことは何度もあった。友だちがいじめられていたということも何度も聞いた。ではいじめがあるにもかかわらず学校の評価が高いのはなぜだろうと考えてみた。それは「先生と子どもの距離感」だと思う。わたしが嫌がらせを受けていたとき、当時の校長先生に話していたことを思い出した。校長先生はすごく優しくて、私の話をちゃんと聞いてくれ「どうしてそうなったのかな?」と一緒に考えてくれた。私自身にも至らないところがあったと気づかされたりして、その校長先生には感謝している。担任も同じように親身になって考えてくれる先生だったので、私はとてもいい学校だったと今でも評価している。つまりいじめの有無ではなくて、先生と子どもの距離が遠いか近いかが学校評価の基準ではないかと考える。〔大学生レポート②〕

従来ほどではないが今もなお、いじめの有無や件数の多少が学校評価の基準になるという暗黙の考え方に学校が縛られている場合がある。しかしその考え方は、これまで論じてきたように誤りである。いじめがあることは発達途上の子どもにとって当然の前提として、いじめの克服のために地道な実践がなされているかどうかこそが学校評価基準である。地道な実践の基盤として教師と子どもの近い距離感が重要ではないか、とこの大学生は主張した。先ほど触れた岩手県矢巾町の中学校では、先生と生徒の交換ノートという方法がとられた。それは両者の距離が近いような印象を与えるけれども、「かたち」をなぞっているにすぎず、「こころ」面から言えば、SOSを受け止められない遠い距離となってしまった。

「いじめ防止法」の意義と限界を繰り返しまとめる。それはいじめ防止と重大事態の対処法の「かていく日常の教育実践に委ねられており、いじめ問題は法律で解決できるわけではない。

たち」を提供したが、「こころ」面について言えば、やはり学校が家庭や地域と連携して共に探究し

【注】

（1）「いじめ防止法」の各条文の詳しい解説については、坂田仰編『いじめ防止対策推進法 全条文と解説』学事出版、２０１３年。

（2）「朝日新聞」（名古屋本社版）２０１９年3月28日付。

（3）大津市立中学校におけるいじめに関する第三者調査委員会「調査報告書」平成25（２０１３）年1月31日、大津市役所ウェブページ【全文】ＰＤＦ。

（4）今津孝次郎『増補 いじめ問題の発生・展開と今後の課題――25年を総括する』黎明書房、２００７年、69～70頁。

（5）同書、１７９頁。

（6）愛知東邦大学教育学部で２０１８年度前期に担当した1年生対象の「教育原理」講義のレポートより。引用文末に（大学生レポート）と断わった場合はすべて同様。

3 平仮名三文字で「いじめ」問題を語らない

1 いじめ問題の発想法の見直し

いじめが深刻な社会問題となったのは、1986年の東京都の公立中学校「葬式ごっこ」いじめ自死事件あたりからと一般には受け止められている。しかしすでに指摘したように、私は1979年の埼玉県の公立中学校「林賢一君」いじめ自死事件をきっかけにして、1980年初頭に一気に社会問題化したと捉えている。なぜなら、このいじめ自死事件の経過過程に、その後も続くいじめ事案に含まれる諸要素のほぼすべてを見出すことができるからである。

この事件から34年経った2013年に「いじめ防止法」が制定されたとはいえ、この40年ほどを振り返ると、繰り返される全国の悲痛な経験から学校が完全に学び取ることができていないと言わざるをえない。同じようなことが今なお続いている現実を見ると、その原因がどこにあるのかを深く検討する必要がある。私はその原因として、いじめ問題の基本的捉え方や解決法の根本的発想に、落し穴があるためだと考える。これまで指摘してきたことも繰り返しながら、5点に整理してみたい。

（1）青年前期の発達的特徴と「習俗」としてのいじめ行為

いじめ行為は昔から子どもの世界で続いてきた「習俗」だと言える。従来は地域の仲間集団で日常的に見られ、誰が意図して教えたわけでもないのにさまざまな悪態語が使われる。身体の特徴をあげつらう「デブ」や「チビ」といったことばや、近年では「きもい」（気持ち悪いの略）とか「うざい」（うざったいの略語、うっとうしいの意）といった悪態語が流行ったが、今ではあまり聞かなくなった。また、最近では「いじり」ということばも耳にする。「いじる」（もてあそぶ、興味本位に好きなことをするの意）が名詞形となったものであろうが、「いじりであっていじめではない」とか「いじりがいじめになった」という言い方がされたりする。すべて一定の地域で使われる「若者ことば」である。そうしたいじめ関連語のなかで、過去から現在まで連綿と受け継がれているのが「死ね」とか「（その子の名＋）菌」である[1]。こうした俗語がいつのまにか継承されていることに着目すれば、いじめは子どもたちの世界の「習俗」であると言える。

いじめ行為の「習俗」性を支えているのは、青年前期（思春期）の発達的特徴にある。親への依存心が弱くなり、同輩仲間に強い関心が向けられるようになる。仲間に過剰同調してみたり、多勢で一人を取り囲むなど、さまざまに「勢力」を誇示して虚勢を張ってみたりする。いじめ加害者の多くは、いじめているという意識は希薄であり、自分の軽い乗りと思っている行為が被害者にどう感じられるかの配慮にも欠ける未熟性をもっているから、未熟性を乗り越える指導が要請される。いじめ問題は対人関係の基礎を学ぶ契機として受け止めるべきである。

以上はいじめ加害がなぜ生じるかという側面であるが、いじめ被害の側にも青年前期（思春期）の特徴をうかがうことができる。自分の能力や力の程度を意識することは、「自尊」（プライド）の感情を伴う。したがって、いじめ被害にあっても、親や教師、友人に知らせようとしないことが多い。あえて明るく振る舞って周囲に気づかれないようにするのは「心配かけたくない」というじらしいほどの配慮がはたらくからでもあろう。「いじめられているのでは？」と教師や親が問うても「そんなことはない」と笑顔で応えたりするのも、この時期の発達特性からくるごく自然な反応である。そうした表面的な反応だけでいじめの有無を判断すれば、事実を見誤ることになる。

(2) いじめに関する多様な見解

いじめをめぐってはこれまで多様な見解がぶつかり合って、議論が錯綜し、空回りを続けてきた。そこで、多様な見解を分かりやすく整理しておこう[2]。整理する枠組みとして、（a）いじめに対して傍観者的な態度をとるか、それともいじめのなかに立ち入って捉えるか。（b）いじめを外面的、客観的に観察可能な行動として捉えるか、それとも観察は難しいけれども被害者の内面に注目し、その身体的・心理的苦痛がいじめの根幹であると捉えるか。（c）いじめの加害者と被害者に対する価値判断として、双方に問題ありと考えるか、それともあくまで加害者の方に非があると考えるか、の相違をそれぞれ考えてみる。

こうした認識や価値判断の相違に基づくと、異なる具体的な対処行動が出てくる。おおまかに四つのタイプ分けを示したのが表Ⅱ-1である。

タイプⅠは、「いじめっ子」と「いじめられっ子」の双方を同時に注意し、今後は仲良くするようにとはたらきかけるタイプである。双方を傍観者的に見ており、外面の行動しか眼に入っていない。1980年代はそうした傾向が強い時期であった。

タイプⅡは、いじめは加害者と被害者との関係だという認識があり、あくまで加害者に非があることを認識しながら、それだからこそ、介入は厄介であると深く立ち入ることを躊躇し、いじめの事実を無視し、隠蔽してしまうタイプである。「わが校にいじめはありません」と胸を張って誇らしく言う校長が過去にいたが、単に理念レベルのことを現実認識にすり替えて言っているだけにすぎない。そうではなくて、「残念ながら、無視のいじめがあるようで、学年教員たちが現在、情報を集めて事実を調べて対応を練っているところです」と率直に語ってもらうほうが、その校長や学校に対する信頼感が湧くだろう。

タイプⅢは、「いじめの根絶」を目指して、徹底的に介入して取り締まるようなタイプである。しかし、そうした取り組みは、いじめがないかどうか、と子どもたちの動きを四六時中見張り、管理主義的な生徒指導になりかねない。そのような眼で見張られていたら、子どもたちも自由に活動することができず、友人同士で単なるふざけ合いもできず、学校内で生徒は萎縮してしまうことにもなりかねない。

タイプⅣは、いじめの定義を理解し、それに対応する学校の基本方針を全教師が確認したうえで、少しでも情報が耳に入ったら、学年または全教員が情報交換して、事実経過を明らかにし、そのつど、ケースに即しながら、保護者などとの連携を通じて対応し、エスカレートしないように防止する処置を講ずることである。もし金銭が動いている気配があれば、警察との協力も取りつけるような取り組

表Ⅱ－1　いじめの捉え方と対処行動

タイプ	態　度	認　識	価値判断	対処行動
Ⅰ	傍観者的	客観的行動（外面）	「いじめっ子」・「いじめられっ子」の双方が悪い	双方を注意 「いじめられっ子」も非難
Ⅱ	傍観者的	被害者の身体的・精神的苦痛（内面）	「いじめる者・加害者」と「被害者・犠牲者」ではあくまで加害者が悪い	無視 隠蔽
Ⅲ	介入的	被害者の身体的・精神的苦痛（内面）	「いじめる者・加害者」と「被害者・犠牲者」ではあくまで加害者が悪い	いじめの「根絶」、管理主義的統制
Ⅳ	介入的	被害者の身体的・精神的苦痛（内面）	「いじめる者・加害者」と「被害者・犠牲者」ではあくまで加害者が悪い	「悪」と向き合い個々のいじめの克服

みである。そして対応したいじめが解決したら、また別のいじめが生じるかもしれないから、同じような方法でまた対応していく。気の遠くなるような感じがするが、ケースによっていじめの事情が異なるわけだから、そのつど全校あげて地道に対応を繰り返していくほかない、という考え方である。

以上、おおまかに四つのタイプ分けをしてみると、１９８０年代から９０年代、そして２０００年代へ経過するにつれて、タイプⅠからⅡ、ⅢそしてⅣへと少しずつ変わってきているように思われる。しかし、現在もなお同時にこれら四つの考え方が混在しており、なかでもタイプⅣは実行するのが難しく、タイプⅠやⅡがまだかなりあるように感じられる。四つのタイプが混在していると、いじめの認識や対応が教員と学校、また保護者それぞれによってまちまちであり、議論すること自体が混乱してしまい、ちぐはぐな対応になってしまいやすい。一体どの立場に立って、いじめを把握し、対応しようとしているのか、を明確にしないと、いじめに関する議論は錯綜し、収拾がつかなくなってしまう。

（3）「いじめは悪」の価値判断が先行

表Ⅱ－1の枠組みの一つである「認識」「価値判断」「対処行動」の三つの側面から、この40年間のいじめ論議の諸特徴を整理してみると、議論の噛み合っていない様子がさらに細かく明らかになる。これら三側面自体の整理がつかずに混乱している状況である。たとえば「認識」を十分に検討しないまま「価値判断」を急ぐ。「価値判断」を下しながら「対処行動」をおざなりにする、というように。そして最大の落し穴は、「いじめは悪」という「価値判断」が「認識」よりも先行してしまい、学校のいじめ実態を詳細に把握しないうちに、咄嗟に「いじめではない」との「認識」にすり替え、結果として「隠蔽」になることが稀ではない。こうした錯綜と混乱のままだと、学校いじめ行為のエスカレート化を許してしまうことになる。

一定の「価値」を目標にして教育実践をするのが学校の本質であるだけに、「いじめは悪」の価値判断は当然だとしても、その価値を真に実現するためには、価値判断を先行させないで、冷静な状況「認識」と適切な「対処行動」が不可欠であることを、学校全体で繰り返し自覚し続けていくほかないだろう。

（4）「協業」としての教職観の弱さ

さらに、「協業」としての教職観の弱さと学校が「組織」の体《てい》を成していない点も、いじめ問題に向き合う発想が落し穴に陥る原因である。重大事態を検討する第三者委員会が「学校内で情報が共有されないまま組織対応がなされず、初期対応が不十分」と指摘することが相次いでいる。昨今のいじめ行為が観察しにくい「ネットいじめ」に流れているなら、そしていじめの定義が被害者の内的苦痛に力点を置くのであればなおさら、個々の教師では対応しにくいだけに、「協業」としての教職の取り組みを各学校現場で日頃から再確認することを外せない。少しでも気になることがあれば、同じ学年担任と話してみる、教務主任や教頭、副校長そして校長に相談する、そして、校内いじめ防止委員会に事案として議題にあげていく、といった組織として当たり前の対処行動をとる習慣が個々の教員に求められる。子どものSOSを少しでも感じたら即刻、組織として対応するというリスク・マネジメントの最低限の鉄則を教員全員が完全に理解して強力に実践できるかどうかである。それさえ実行できなければ、「いじめ防止法」は空文に堕してしまうだろう。

(5)「ネットいじめ」との向き合い方

2000年代の後半から、これまで無かったような新たないじめ形態が広がっている。ケータイやスマホによるいじめで、総合して「ネットいじめ」と呼ばれる。ネットを通じたことばによる暴力とも言える。ネットいじめはアメリカでもすでに大きな社会問題であり、「電脳空間のいじめ」(サイバーブリング cyber bullying)と言われる。アメリカでは主としてパソコンを通じて始まったが、24時間にわたり正体不明者による不気味なことばによる攻撃が加えられて被害者に恐怖を与えるという特徴をもつと指摘されている[3]。これに対して日本では、主にケータイ・スマホを通じてという違いはあるが、特徴は共通する。

伝統的ないじめ「習俗」に見られる代表的悪態語「死ね!」を例に挙げると分かりやすいだろう。

対面関係のなかでは「死ね！」と言われても、相手の顔色や口調から単に気軽な悪口にすぎないと感じることも多い（関西のお笑いで「死んでしまえ！」は笑いをとる常套句である）。しかし、ケータイ・スマホではそうはいかない。メールで「死ね！」ということばが真夜中に何度も送られたり、あるいはツイッターに書き込まれたりすると（配慮されるようになった今日では「氏ね！」などと表記しないと自動的に削除されるかもしれない）、「死ね！」ということばが独り歩きを始め、受け取る方は徐々に精神的な苦痛を受けて追い詰められていくことになる。非対面関係であり、たとえ一部に写真や動画、絵文字などがあるにしても、文字と数字・記号のやりとりだけで、しかも暴言や侮蔑語などでいじめ行為が繰り返されるのは、「匿名性」という特徴があるゆえに攻撃性を向けやすい性質を帯びる「メディア・コミュニケーション」がもつ特殊性の弊害である[4]。

「ネットいじめ」は周囲からきわめて気づきにくい新しい形態だけに、そうした新形態の登場を強く認識しなければ見落としやすいし、仮に認識しても介入しにくいからと対処行動をとらなければ、放置することになってしまう。そうした態度ではいじめをエスカレートさせる落し穴に陥ってしまう。さらに教員集団の協業性（「同僚性」）が弱いと、余計にその落し穴は大きくなってしまうだろう。そこでまず、この新形態の特徴を知ることが不可欠である。

従来のいじめと比較した諸特徴を整理したのが表Ⅱ－2である[5]。この表から分かるように、「ネットいじめ」は従来のものとはまったく異なる内容である。そこで「ネットいじめ」の仕組みを子どもたちと共に考える機会をつくり、被害を受けたら速やかに友人、保護者、教師に知らせる体制づくりが重要な課題である。一人で抱え込まないという、クラスや学校全体、そして特に家族の雰囲

表Ⅱ－2　ネットいじめの特徴

側　面	従来のいじめ	ネットいじめ
いじめの方法・場所	暴力・悪口・無視・金品要求・所持物の隠しなど、対面関係による直接行動的で、場所も一定範囲内。攻撃的意志はかなり強い。	誹謗中傷・個人情報をネット上にばらまくなど、言葉と映像による間接行動的で、場所は際限なく広がる。攻撃的意志が強いとは限らず、弱い場合もある。
被害の状態	学校内外で限定時間内、徐々にエスカレートする。	ネット上で四六時中、短時間で被害が深刻になる。
加害者－被害者	加害者は一人または数人、特定可能。加害－被害関係は入れ替わることもある。	特定は難しい。なりすましもあり。誰もが容易に加害者・被害者になりうる。
周囲からのいじめ認知	認知の可能性は高い。	認知の可能性はきわめて低い。

気づくりが求められる。それでもなかなか切り出すことができない子どもの場合、ちょっとした異変に気づけば、保護者同士や学校で情報交換をして、被害者の子どもをサポートすること、加害を中止するように家庭や学校から介入することが要請される。伝統的ないじめ以上に幅広い周囲の人々による子どもたちの根気強い見守りが不可欠であり、それが現在最も要請されているのはこの「ネットいじめ」である。

さらに、取り組む際に重視すべきは、いじめ問題に狭く絞るのではなく、新メディア機器であるスマホをいかに捉えるかという、広く捉える基本課題がある。機器が短時間で目覚ましく進歩するなかで、スマホの「利便性・不便性・危険性」について十分に検討する暇もなく、ただ便利だということで使用ルールも不明確なままに使ってしまう。新メディア機器を購入しながら家庭ではその特徴やルールをほとんど教えてこなかったし、学校ではパソコンの使用法について指導するくらいである。こんな状態では、ネットいじめが容易に入り込むことになるだろう。

先ほど「メディア・コミュニケーション」という用語を挙げた。私は人類にとって三つのコミュニケーション形態を分類できると考えるが、その最新形態として位置づけられると考える。①人類が誕生してから長い歴史のなかで営まれてきた直接面接関係による「ヒューマン・コミュニケーション」、②近代に入ってからラジオ・テレビなどの登場により、一方向ではあるが大量の情報を広範囲に伝達できる「マス・コミュニケーション」、③最近ではパソコンやスマホにより瞬時に地球全体にまで及んで双方向でやりとりされる便利な「メディア・コミュニケーション」である。

これら三つを分類したのは、あくまで人間とコミュニケーションの変容に注目するためであり、パソコン・スマホなどのメディア機器も①と②と比較しながら、そのコミュニケーション特徴を明らかにすることが大切だと考えるからである。それに「メディア media」は「媒介 medium」の複数形から来ているから、機器そのものよりもコミュニケーションの側面に着目することが重要である。

「人間」は「じんかん」とも読むことに示されるように「人と人の間」にある存在であるなら、互いのコミュニケーションこそ人間の本質であり、媒介物としてのメディア機器はコミュニケーションの新たな手段なのであって、その手段を主人のように扱うのは歪んだ認識であろう。問うべきはあくまでもコミュニケーションそのものである。長い人類史のなかで、③メディア・コミュニケーションは、いわば昨日始まったような新形態でしかないから、人々がその機器の特徴やメリット・デメリットすら十分に理解できていないのは当然である。したがって「機械と人間」という古くから馴染み深い重要な問題の文脈に位置づけて、人間同士のコミュニケーションにとってメディア機器はいかなる利便性・不便性・危険性をもつのかを検討することが基本的課題にほかならない(6)。

スマホの特徴を考えてみよう。たとえばＬＩＮＥでは、顔の表情、声の様子などの情報がなく、文字情報も限られているので、誤解や行き違いがよく生じる。いじめまでいかなくても、気持ちを文字に表現しきれない限界性から、自分の本来の気持ちではなかったのに誤解されて、あっというまに仲間はずれになってしまったり、集団から悪口を言われる対象になってしまったりすることが日常的に生じている。こうした事態が話題になることが多い小学校の保健室では、「顔を見て、自分の気持ちをことばで伝えなさい」と指導する養護教諭がいる。トラブル修復のときに大切なことは、その時の自分の気持ちと相手の気持ちを伝え合うこと、そしてお互いに気持ちを聞き合わせて「そう思っていたんだ」と理解することで、多くのトラブルは解決する。とはいえ、残念ながらそのような解決方法を子ども同士でとることは難しく、間に教師が入って気持ちのやりとりの場を設定しなければならない場合もある(7)。要するに、今や③「メディア・コミュニケーション」が全盛の時代環境のなかで、昔からの素朴でコミュニケーションの原型というべき①「ヒューマン・コミュニケーション」の復権が求められる。こうしたコミュニケーションに関する基本的視点をもたなければ、現代のいじめ問題を克服することはできないだろう。

２　平仮名三文字「いじめ」に代わる「辛く苦しく耐え難い思いをしている子」

これまで論じてきたように、名詞形「いじめ」は１９８０年代に生まれた新語である。それはいじめが社会問題化したことを意味し、その問題を独立して取り扱うためのことばとはなった。しかし、その問題解決を急ぐあまりに「いじめ」三文字による議論は収斂して深まるというよりも、表Ⅱ－1に示したように、錯綜しがちで空疎なやりとりに陥る傾向が今もなお見られる。「暴行」「傷害」「恐喝」「自殺（自死）」といった用語と比較しよう。これらはすべていじめ行為の結果生じる刑法犯罪ないし民事訴訟に直結する事案となる。重々しい漢字二文字の用語と比べると、平仮名「いじめ」には軽く牧歌的なイメージすら漂う。しかも子どもの「習俗」に由来する表現だけに、名詞「いじめ」には実に多様な意味合いが込められる。

したがって、「いじめ防止法」が制定され、いじめの定義では「当該行為の対象となった児童等が心身の苦痛の苦痛を感じている」が特に強調されて、いじめ防止や問題解決法が法的に明確になったとはいえ、名詞「いじめ」で問題の認識や対応をすると、しばしば混乱を伴う。このことばに感じる人々の感覚や意味合いが異なるから、いきおいサインを見逃すことにもなる。挙句の果てには、「いじめがあった……いやなかった……いじめとは思わなかった……」などと、メディア報道も含めて、空回りする議論に終始し、さらには民事裁判にも至ることになる。

そこで、平仮名三文字「いじめ」ということばを使わずに、「辛く苦しく耐え難い思いをしている子」という表現に替えてみることを提案したい。いじめ定義の根幹に沿うことになるし、種々のニュアンスの違いも少なくなるだろう。もちろん、いじめ問題だけでなく、不登校や学業不振、友人関係、進路の悩みなど多くの問題にも広く着目することにもなるが、そうした種々の問題を抱えた子どもたちにどれだけ寄り添うかということが何よりも重要な教師の役目だという自覚をもてば、サインの見逃しを防ぐこともできるはずである。

では、実際に表現を変えるとどうなるか、一例を示そう。たとえば「いじめ防止法」の第三条（基本理念）を原文〔A〕として、「いじめ」を代わりの表現「辛く苦しく耐え難い思い（をしている子）」に置き換えた文〔B〕を対置してみる。〔B〕の細部の文言は読みやすくなるように調整を施した。

〔A〕第三条　いじめの防止等のための対策は、いじめが全ての児童等に関係する問題であることに鑑み、児童等が安心して学習その他の活動に取り組むことができるよう、学校の内外を問わずいじめが行われなくなるようにすることを旨として行われなければならない。

2　いじめの防止等のための対策は、全ての児童等がいじめを行わず、及び他の児童等に対して行われるいじめを認識しながらこれを放置することがないようにするため、いじめが児童等の心身に及ぼす影響その他のいじめの問題に関する児童等の理解を深めることを旨として行われなければならない。

3　いじめの防止等のための対策は、いじめを受けた児童等の生命及び心身を保護することが特に重要であることを認識しつつ、国、地方公共団体、学校、地域住民、家庭その他の関係者の連携の下、いじめの問題を克服することを目指して行われなければならない。

〔B〕辛く苦しく耐え難い思いをしている子をなくすための対策は、児童等が安心して学習その他の活動に取り組むことができるよう、学校の内外を問わず辛く苦しく耐え難い思いをすることがないようにすることを旨として行われなければならない。

2　辛く苦しく耐え難い思いをしている子をなくすための対策は、全ての児童等が辛く苦しく耐え難い思いをしている子をつくりだしたりしないように、またそうした子どもがいることを認識しながらこれを放置することがないようにするため、辛く苦しく耐え難い思いをすることが児童等の心身に及ぼす影響その他辛く苦しく耐え難い思いをしている子に関する児童等の理解を深めることを旨として行われなければならない。

3　辛く苦しく耐え難い思いをしている子をなくすための対策は、辛く苦しく耐え難い思いを受けた児童等の生命及び心身を保護することが特に重要であることを認識しつつ、国、地方公共団体、学校、地域住民、家庭その他の関係者の連携の下、辛く苦しく耐え難い思いをしている子をなくすことを目指して行われなければならない。

くどいほどの置き換え文になったが、〔A〕を〔B〕に代えたのは条文を修正すべきだという趣旨ではない。言語表現を変えてみた一つの事例によって「法律の原理」と「教育の原理」との相違を浮き上がらせたいためである。比較して浮かび上がることが二つある。第一に、いじめ行為を客観的な立場から包括的に把握するのではなく、あくまで被害者に焦点を置いて彼らの内面の苦痛に注目することで、問題対象を絞り込んで明確にすることである。第二に、いじめ問題の克服を目指して学校が家庭や地域と連携するという課題の指摘に止まるだけでなく、何をおこなうのかという具体的な対処行動を導きやすくすることである。40年経っても「重大事態」が各地で今もなお生じている。しかも「重大事態」であるのにそれが認知もされないといった状況を克服するためには、「いじめ」という平仮名三文字で議論することを止めてはどうかという提案は、いじめ問題の教育言説論的検討を通じて得られる一定の結論である。

【注】

（1）愛知東邦大学教育学部での私の授業「教育社会学」でいじめ問題を取り上げた際に、２年生男女学生60人余りに、子どもの頃（２０００年代中頃～後半）の悪態語を書き出してもらった。その結果、「死ね！」が一貫して多く使われており、その他「デブ、バカ、来るな、触らないで、（その子の名＋）菌」などが挙げられた。悪態語を使わず「無視する」こともたびたびあった、という回答もあった（２０１４年10月調べ）。これらはすべて「差別」に似て「見下げ、排除する」意味合いを帯びている。

（2）今津孝次郎『増補 いじめ問題の発生・展開と今後の課題 ―― 25年を総括する』黎明書房、２００７年、96～98頁。

（3）Kowalski, R. M., Limber, S. P. and Agatston, P. W., *Cyber Bullying: Bullying in the Digital Age*, Blackwell, 2008, chap. 3.

（4）今津孝次郎『学校と暴力 ―― いじめ・体罰問題の本質』平凡社新書、２０１４年、77頁。

（5）今津孝次郎監修・著、子どもたちの健やかな育ちを考える養護教諭の会編著『小学校保健室から発信！ 先生・保護者のためのスマホ読本』学事出版、２０１７年、78～79頁。

（6）今津孝次郎『ワードマップ 学校臨床社会学 ―― 教育問題の解明と解決のために』新曜社、２０１２年、２２９～２３０頁。

（7）今津孝次郎監修・著、子どもたちの健やかな育ちを考える養護教諭の会編著『小学校保健室から発信！ 先生・保護者のためのスマホ読本』前出、79～82頁。

Ⅲ　教師と学校組織を見つめ直す「ことば」

――「協業」としての教職をいかに創造するか

第Ⅱ部ではいじめ問題を取り上げ、被害を受けている子どものＳＯＳを見逃してきたのは、その発信に対して大人が受信するプロセスに弱点があるためであると論じた。「いじめ防止法」は、いじめの定義で「当該行為の対象となった児童等が心身の苦痛を感じているものをいう」と強調している。「子どものＳＯＳ」と言い、「心身の苦痛」と言い、要は子ども理解が真にできているかどうかという重要な課題を大人に突きつけ、さらには子どもと大人の関係について大人自身の自己認識があるか、と問いかけている。

第Ⅲ部では、社会問題化する深刻な教育問題のほとんどは「青年前期（思春期）」に集中していることに注目し、教師が「青年前期」の子どもといかに向き合うかという基本的課題を検討する。そしてその向き合い方を左右すると考えられる教師と学校組織の諸問題について、いくつかのことばを手掛かりに掘り下げる。教師に関しては多忙化に伴う「ストレス」、「同僚性」として近年とみに語られている「協働性」、さらには学校組織と結びついて最近の教育政策的キーワードとなっている「チーム学校」の三つである。

以上の検討を通じて、ごく日常的に当たり前とされている見方や語り方を少しでも見直し、教師と学校組織が本来は保持しているはずの力を復活してエンパワーメントすることによって、人々からのバッシングに正面から応えうる積極的な姿勢を構築するのが目的である。「エンパワーメント」の仕組みについては最後の結で考えたい。

1 「青年前期」の子どもに「寄り添う」教師

1 「青年前期」の捉え方

「辛く苦しく耐え難い思いをしている子」を素早くキャッチするためには、日頃から子ども理解を深くまで強固に実現できなければならない。人間発達科学はそのためのことばの枠組みを提供している。従来から馴染み深い「思春期」に代わる「青年前期」である。思春期は、身体が大人へと成長する過程で特に男・女の性的成熟を対象にした時期区分で、11～12歳から16～17歳頃までを指している。これに対して青年前期は同じ時期を指すにしても、性を中心にした身体的成熟だけでなく、心理的・社会的発達も含めて幅広く子どもから大人への諸変化を捉える用語である。親への依存性が弱くなる一方で異性を含めた同輩仲間に対する一体感が強くなるとともに浮上する自己意識と、自立性への成長に注目する。そして「前期」と称するのは、長期化する「青年期」全体の前半に位置づく時期だからである。

近年の長寿化や高学歴化、情報化など社会の大きな変化のなかで、人生段階区分にとって子どもから大人への過渡期が長くなった。そこで「青年期」を独立させ、11～12歳から16～17歳頃の約5年間を「前期」とし、17〜18歳頃から22〜23歳頃の約5年間を「後期」として青年期を区分するようになった。そして、今では大学（短大も含む）進学率が50％を超えるまでに高まり、また産業・労働構造の激変もあって、大学・学部選択をどう判断するか、そしていかなる職業分野に就くのかという進路選択が各自に問われてくる点で、「前期」以上に「後期」が大きな焦点となっている。中・高校として大学の教育課題として「キャリア教育・進路指導」が強調されるようになっているゆえんである。

しかも、自立性という点から言えば、この「後期」はさらに延びていると見なさざるをえなくなった。たとえば、転勤などをきっかけにして職場不適応となり、登校拒否ならぬ「出社拒否」に陥るといった珍しくないケースを見ると、大学を卒業して就職しているにもかかわらず、過渡期としての青年期が依然として続いていると考えられる。すでに１９７０年代末に精神科医は種々の精神病態の変化を踏まえて、青年期は30歳頃まで延びていると指摘している(1)。いわゆる「青年期の延長」である。そうすると現代の青年期は合計すると15年以上に及び、人生80年とすれば生涯の20％近くの時間を占めることになる。ごく狭い思春期という捉え方では青年後期を含めた青年期全体を総合的に把握することはできず、現代青少年の理解は不十分となる。これまでの文中で「青年前期（思春期）」と併記してきたが、今後は「青年前期」とだけ表記する。そこでまず、青年期全体の発達的特徴を一般的に整理しておこう。

（1）最初に確認したいのは、人生段階区分と学校段階区分の齟齬である。表Ⅲ－1に示すように、青年前・後期の区分と学校段階区分はピッタリと一致しない。小学校高学年から青年前期が始まることを教師も親も意識しないまま、小学生の一般的なイメージで捉えると、理解できないことが生じる。

表Ⅲ－１　若い時期の人生段階と学校段階

人生段階	児童期	青年前期	青年後期	成人期
学校段階	小学校	中学校　高校	大学・短大・専門学校	

また、青年後期は未だ依存性が残存している段階でもあり、高校を卒業したら就職する若者もいるくらいだから一人前だと大人が決めつけてしまうと、子どもとの間に誤解が生じやすくなる。つまり、学校段階の枠組みで考えるのでなく、青少年の心理的・社会的発達の特徴から判断しないと、彼らの理解は十分とは言えず、大人－子ども関係が円滑に運ばない恐れがある。子どもの立場に立つとは、そういう視点をとることにほかならない。

青年前期・後期の特徴を一口で整理すると、①身体的成熟、②依存性－自立性の揺れ動き、③自己中心性（主観的自己）－社会的対人関係性（客観的自己）の揺れ動き、④以上三つを通して自己意識の芽生えと進路意識の揺れ動き、とまとめられる。そして青年前期の大きな特徴である①身体的成熟は自然に進むが、青年前期から始まって後期にも続く②③④の進行はそれほど簡単ではない。ゆっくりと、あるいは急激に進行したり、または停滞したり、以前の状態に回帰したりと、複雑な軌跡を描くからであり、そのため「揺れ動き」と述べたのである。しかも個人差があることも一様に観察できない理由であり、それらが子ども理解を難しくする。

（２）次に人間発達科学が青年前期・後期と言うとき、それは人間の長い「発達」過程全体の一つの段階として捉える用語である。「発達 development」とは、「環境的諸条件のもとで個体の諸器官や諸形態、諸機能が年齢とともに量的・

質的に変化する現象」である[2]。「量」的に測定できる若い時期の「成長 growth」と年老いてからの「衰退 decline」だけでなく、人間世界を洞察する能力の獲得といった「成熟 maturity」のような「質」にも関わるすべての変化を意味する。そして発達に伴う基本的な発想法がある。それは発達過程を「人生段階」（「ライフステージ life stage」）に分けて、各段階の特徴や段階から段階への「移行 transition」過程に注目することである。それは人類が古くから人生時間を区切ってきた意識とも重なる。大昔は「子ども－大人－老人」という単純素朴な三区分であったが、今日の人間発達科学の最新認識では「乳幼児期－児童期－青年前期（思春期）－青年後期－成人前期－成人後期（中年期）－高齢前期－高齢後期」の八つの諸段階に分けて人生の変化を眺めるのが通説である。人間は生涯の間にこれらのライフステージをたどっていくという見解が「ライフサイクル life cycle」（人生周期）である。

ここで見落とせないのは、ライフステージを移行していくことは同時に、相対している次の世代への継承を伴う点である。ライフサイクルを終生の研究テーマとしたE・エリクソンはそれを「世代連鎖 chain of generations」と呼んだ。彼は「サイクル」には個人の人生周期という面と、次の世代への継承という面の二側面を含むと論じた。

〈サイクル〉という語は、一個人の人生が持つ二重の傾向を表わそうとするものである。すなわち、一方に一つのまとまった経験として〈それ自身完結しようとする〉傾向と、同時に、その個人が強さも弱さも、そこから受け取りまたそれに与えるところの世代連鎖の一環を形作ろうとする傾向である[3]。

つまり、人間は自分の一生を自己目的として完成する願望を満たすだけでなく、次の世代に対する社会的倫理的な責任を果たすという考え方である。ところが、日本の生涯発達研究で「ライフサイクル」と言えば、もっぱら前者の自己完結的側面の意味で使い、後者の世代連鎖についてはあまり言及されない。そこで、発達やライフサイクルの広い観点に立てば、子ども理解に関して次の二つの課題を指摘できる。

（a）子どもたちの言動を受け止めるときに、彼らはいかなる人生段階にあり、次はどの発達段階に進もうとしているのかを見極める。たとえば、児童期から青年前期へ移行しようとする時期なのか、青年前期の真只中なのか、年齢的には青年後期に入っているはずなのに、個人の特性として青年前期を未だ引きずっているのか、など。

（b）世代連鎖の観点から、大人は次の世代に対していかなる責任を果たすべきかを考える。発達段階を考慮して当面は静かに経過を見守るのがよいのか、強く介入すべきなのか、子どもたちの言動から日常の大人－子ども関係を改めて見つめ直すべきか、など。

ところが、何らかの問題を抱えた子どもたちを見るとき、彼らの長い人生段階を念頭に置いて今の時期を位置づけながら理解することはせずに、ただ単に今の様子だけで表面的、断片的に判断してしまう。しかも次の世代に対する責任という考慮を払うことなく、大人の自己認識は棚に上げて、その場で子どもに対するだけの咄嗟の対処行動をとってしまう。そうした大人の対応が事態を悪化させていないだろうか。それは大人たちの時間的余裕の無さというよりも、子ども理解に関する基本的発想の弱さだと考えるべきだろう。

（3）それでは青年「前期」に限って「②依存性－自立性」の揺れ動き、「③自己中心性（主観的自己）－社会的対人関係性（客観的自己）」の揺れ動きについて論じたい。誰もが青年前期に経験したことを思い出せば容易に理解できるはずである。突き上げてくるような衝動のままにイラつく感情に振り回されたりするのは身体の成熟に伴うごく自然な状態であり、「自立性 independent」へと向かう不可避の関門である。また、自己主張が強くなる一方で、自分を客観的に眺める視点が弱いことは、「主観的自己」の伸長に対して「客観的自己」の習得が遅れるという発達上のズレである。客観的自己の弱さは、自分で行動をコントロールする「自律性 autonomy」の成長を阻むことになる。友人仲間での自分の位置や能力、評価を見定めることができず、「自分」がまだよく分からない不安を伴う。そのため大勢に同調して一人を取り囲んで勢力を誇示したり（伝統的ないじめの類い）、暴力的なけんかや器物損壊（バンダリズム vandalism）、万引きなどの非行などにつながりやすい。「バンダリズム」と書き添えたのは、私がかつてイギリスに滞在していたとき、イギリスのいじめ問題を知りたくて、ある公立中等学校を訪問した折に副校長から次のように切り出され、青年前期の攻撃的な特性は海外でも共通すると思い知らされたからである。「わが校では暴力的ないじめはありませんが、バンダリズムがあって困っているのです」と。

（4）青年期はそれ自体独立した人生段階だとしても、児童期から成人期への移行期であるなら、いかなる成人性に向けて発達を遂げるのかが問われてくる。それは青年「後期」の課題になろうが、一方では２０１８年の民法改正により成人は20歳から18歳に引き下げられ、２０２２年4月から施行される法的成人は青年「前期」と無関係ではなくなる。

一般に「成人」と見なす基準は社会が作り出すもので、国により異なり、また歴史的にも変化する。結論的に言えば、昔の農業中心の社会では、身体が出来上がって農作業等の仕事ができるようになると成人（一人前）として扱われたから基準が明確であり、成人になる前と後で人生時間がはっきりと区分され、いわば「断絶的」人生時間秩序と言える。今では産業が高度化し、村落共同体が弱体化して都市化が進み、学校教育暦の長期化が広がるなかでは、成人性の基準を確定することは実に難しい。さまざまな側面から考えると、次の五つの基準を挙げることができる(4)。

①生物的成人――生殖機能を含む身体の成熟
②法的成人――法的権利・義務が規定された年齢の到達
③経済的成人――労働により収入を得る生活の確立
④社会的成人――対人関係における自己中心性の克服・家族からの離脱・再生産家族の創始・社会参加の実現
⑤心理的成人――心理的自立と自律・アイデンティティの獲得

以上五つの基準に分けると、気づく点がいくつかある。第一に、五基準は同時期には生じないで継続する時間のなかで展開していく。成人性獲得をめぐる「断絶的」人生時間から「連続的」人生時間への転換である。一般には①→②→③→④の順に成立していく。ただし、④は①〜③にも随伴しており、③に至ってもなお、社会的成人の未熟性の課題となって残っていることがある。職場で「大人になれていない」と上司や同僚から注意されるような場合である。

第二に、従来から強調されていた結婚と再生産家族は④社会的成人に含められるが、独立した成人要件として挙げるのは難しい。未婚・晩婚・非婚あるいは非出産といった多様な結婚・家族形態（意識）が広がるなかで、結婚と再生産家族は必ずしも成人性の必須要件ではなくなっているからである。

第三に、⑤心理的成人は①〜④に随伴し、各基準で問題になるとともに、①〜④を包括する要件と考えることもできる。すなわち⑤は、青年期から成人前期への継続的課題である。

こうして、現代社会の成人性基準は多様で曖昧性を帯び、人生時間の区切りも「断絶的」でなく「連続的」プロセスを成している。こうした諸特徴をもつ成人性基準に対して、若者は目指すべき成人期を具体的に想定しにくいだけに、⑤心理的成人の基準で苦しむことになる。たとえば、不安な気持ちを回避するために成人志向を弱めて青年前期・後期のままに止まる心理的傾向を示すように。同時に大人の方でも、若者とどう接していけばよいのか、大人扱いをすべきか、あるいは子ども扱いをした方がよいのか、戸惑いや自信の無さを呈するようになる。そうした大人の態度が余計に成人性基準を不確実なものにし、若者の成人性志向を低下させるという悪循環に陥ることにもなる。

それでは18歳成人では「成人」はいかなる意味と意義を帯びてくるだろうか。18歳成人の制度的背景としては、身体成熟の速さゆえに成人年齢を前倒しして、社会的・政治的責任を負わせるという社会の圧力が考えられる。他者への依存を早々に断ち切り、地域住民主体として政治意識を高め、積極的な参政権行使主体としての18歳以上が成人となるという意味が、「国民投票権」（２００７年）や「選挙権」（２０１５年）の改正趣旨の延長上に与えられたと言えよう。

ライフステージ移行の観点から言えば、20歳は未だ青年後期途上であって成人期には至らない。したがって、法的成人ではあっても人間発達段階から言えば成人ではない。それが18歳となれば、人間発達的には青年前期が終わることを示すだけで、成人期に向けたさまざまな成長はなおその後の青年後期の課題であることを見通す時期となる。つまり、成人性基準で言えば主に①だけに該当し、残りの③～⑤はその後に続く青年後期に達成される課題となる。したがって、18歳成人は20歳成人よりも成人性とは何かについて各人が自問し、周囲の大人たちも思案する諸課題にいっそう多く囲まれることになるだろう。

2　青年前期の暴力行為

さて、とりわけ青年前期に特徴的に現われる暴力行為について検討したい。文科省は毎年のように、生徒指導上の諸問題に関する調査を全国の国公私立の小中高校を対象に実施している。「暴力行為」や「いじめ」「不登校」などが対象になるが、ここでは「暴力行為」に注目しよう。それは「故意に有形力（目に見える物理的な力）を加える行為」で、対教師暴力、生徒間暴力、対人暴力、器物損壊を含む。教師の認知の在り方で件数に主観的な変動がある「いじめ」とは違って、客観的な把握ができる「暴力行為」は確かな件数実態を示すデータである。図Ⅲ－1は、2017（平成29）年度の暴力行為全体の学年別件数をグラフ化したものである[5]。もちろん、実際に暴力行為に走る児童生徒は全国でわずかではあるが、小学校高学年から増え始め、中学校でピークになり、高校になって減少していく山型の傾向を示すことに注目したい。この傾向は毎年度同様の結果であり、青年前期の急激な

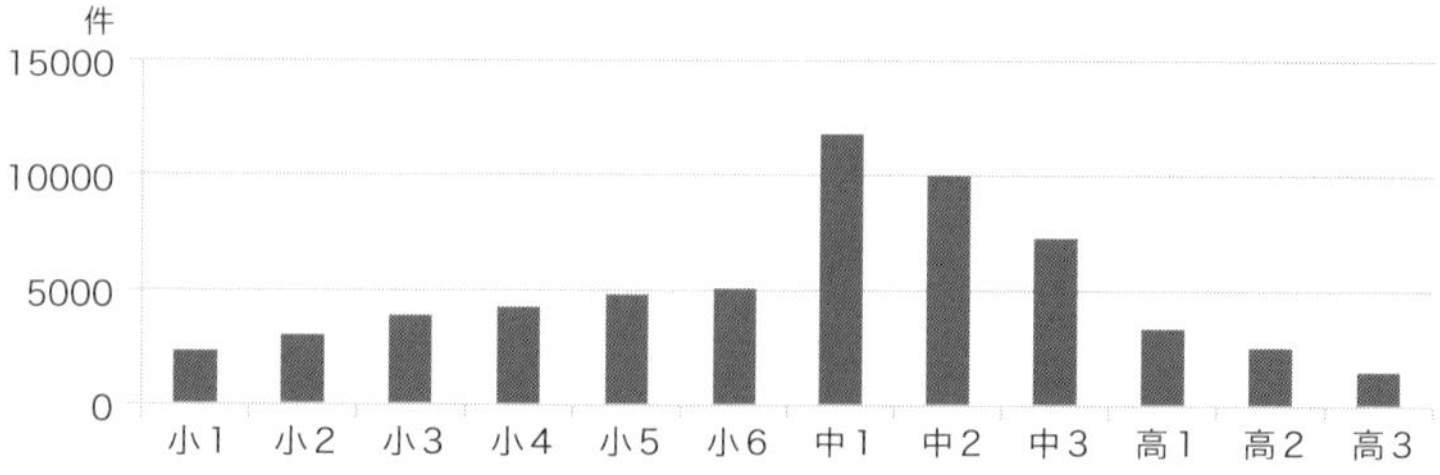

図Ⅲ－1　「暴力行為」の学年別加害児童生徒数／国公私立〔2017（平成29）年度〕

成熟に伴う不安定さから生じる攻撃性の程度を裏打ちしていると言える。

さらに暴力行為の分類別に学校段階ごとの件数を細かく示したのが表Ⅲ－2である[6]。最も多い件数は「生徒間暴力」で全体の7割近くを占める。中学校での発生件数の割合が高いと言える。続いて「器物損壊」が2割近くあり、これも中学校で多い。「対教師暴力」は1割強であるが、中学校と小学校で際立っている。いずれにしても、「暴力はいけない」と常套文句を一方的に唱えても、この時期の子ども理解はできないし、暴力の背景にある諸要因を探って、それを少しでも緩和し解決することが遠回りのようでも最終的に暴力を克服する道である。子どもたちは社会的人間関係のルールを体得しながら徐々に成長し、青年後期へと移行する。こうした発達の過程を常に念頭に置くことが、大人－子ども関係の円滑な保持にとって不可欠である。

以上のように見てくると、学校教育が種々の暴力行為を防止するための方法もおのずと明らかになる。青年前期の子どもたちなら誰もが多少ともそうした行為に走りやすいライフステージにいるということを常に念頭に置き、保護者とも協力しながら不安定さから来る不安や不満に耳を傾けつつ、守るべき社会的ルールを伝えて、少しでも客観

表Ⅲ－２　学校別の暴力行為件数／国公私立〔2017（平成29）年度〕

分類＼学校段階	小学校	中学校	高校※	計	（%）
対教師暴力（学校内外）	4,662	3,455	510	8,627	（13.6）
生徒間暴力（学校内外）	19,846	18,558	4,201	42,605	（67.3）
対人暴力（学校内外）	370	710	226	1,306	（2.1）
器物損壊	3,437	5,979	1,371	10,787	（17.0）
計 （%）	28,315 （44.7）	28,702 （45.3）	6,308 （10.0）	63,325 （100.0）	（100.0）

※全日制・定時制・通信課程の合計

的自己を育む努力を積み重ねることである。耳を傾ける際に、主観的自己の表現としての自己主張の受け止め方で留意すべきことが二つある。

（1）自己主張が強くなると、大人に対する反抗的態度がしばしば登場する。それは大人への依存を断ち切ろうとする自立に向けた態度ではあるが、「反抗的」な表現は他方では未だ依存を残している「甘え」の態度でもある。つまり矛盾する両面が併存することを大人は冷静に見極めていく必要がある。子どもに対する大人の態度の基本として「許容」と「反対」の両面の在り方に深くこだわったのは精神分析家のA・ストーであった。子どもの意向に対して大人が徹底して反対の態度をとったら、反抗の言動が返ってくるのは容易に理解できる。しかしその逆に、子どもの意向をすべて許容した場合でも、反抗の言動が返ってくるという皮肉な現象については、普通は見落としているだけに重要である。

最大限に甘やかし自由にさせるという扱い方を試みた両親が驚いたことには、こどもたちは情緒障害にかかり、彼らがもっと厳しい訓練にさらされた場合よりも、しばしばもっと攻撃的になるのである。……攻撃心を正常に処理するためには反対が必要である。譲りすぎる親には、こどもたちが立ち向かうことができないし反抗すべき権威もないし、独立しようとする内的な衝動を正当化することができない(7)。

現代は子どもに対して寛容な態度が強まっている。少子化と高学歴化のもとで成績を上げて大学へ進学してほしいといった親の願いが、子どもの要求をそのまま聞き入れやすい姿勢に傾いているということもあるだろう。ただし、あまりにも寛容な態度では、子どもは大人に対してどう判断し行動してよいのか当惑する。大人を信じてよいのかという疑問を抱くことになり、反抗的になる。そこで、大人による「反対」が要請される。それは、自立しようとする青少年に対して、大人はどのように胸を貸すのかという課題にほかならない。第I部3で述べた「権力と権威」で言えば（図I－1）、「反対」とは反抗する対象としての「権力」であり、乗り越えるべき「権威」であると言えよう。彼らの自己主張に向かって、何を許し何を許さないか、大人の人生観や社会観が滲み出る確固とした態度が問われることになる。

（2）自己意識が生まれていくと、自分の価値を守り高めたいという自然な感情を伴う。つまり「自尊感情」が強くなりプライドが高まる。周囲から認められたいという承認欲求も、自分の価値や自分の存在を確認してさらに高めたいという素朴な意思である。A・マズローの有名な人間欲求階層論では「自尊欲求」は「生理的欲求」や「安全欲求」に続く高次の欲求であるが、周囲による承認から自分自身による自分の承認を確かめる「自尊欲求」へと進む(8)。ライフステージ区分と絡めるなら、青年前期は周囲からの承認を求める時期であり、青年後期になって自分自身による承認へ発達すると考えられる。こうした承認欲求にどう応えるかは大人－子ども関係にとって重要な課題である。

こうして、青年前期は自尊感情に反することには抵抗したり隠したりするから、感情の表現の仕方は屈折し、内面の自己と外面に示す言動とが乖離することにもなる。これを「内面と外面の分離」と言ってよい。いじめの被害経験でしばしば生じる具体例が分かりやすい。内面ではつらく苦しいと感じていても、それを口には出そうとはせず、覆い隠すために顔は笑っていることがある。周囲は笑顔を見て大丈夫だと判断するが、それは誤解であり、子ども理解の失敗である。笑顔の奥底に何があるかを多面的に探る必要があるが、それは教師や親が単独ではなしえず、何人もの情報を総合しないと的確に理解できない。そして「いじめを受けていないか」と質問しても「受けていない」と笑いながら事実を隠したりする。いじめられることは自分の弱さを露呈する恥だと感じているからである。いじめは「いじめ加害者が悪い」という認識がクラスや学校全体に広がり、気軽にいじめ被害を話題にできるような雰囲気が出来上がっていないと、隠すことが続いていじめはエスカレートする危険性が大きい。大人が青少年の言動の「外面」だけで評価し判断しやすいのは、表面をそのまま受け止める方が簡単であり、「内面」にまで目を向けるには時間や労力や神経を使うからである。しかし「内面」への着目を省くと、彼らのＳＯＳを見落としてしまうことになる。

3　青年前期の攻撃性

先ほど図Ⅲ－1を示して「青年前期の急激な成熟に伴う不安定さから生じる攻撃性の出現」と述べた。ただし、そうした表現だと以下の三つの疑問が生じる。

（a）暴力行為と言えば「荒っぽい子ども」という連想がつい先に立ってしまう。では「おとなしい子」は暴力行為に走らないのかというとそうでもない。さまざまな少年事件後に「普段はあんなにおとなしい子が……信じられない」といった感想がささやかれてきたし、青年前期の特徴として「内面と外面の分離」があると指摘したばかりである。外面の言動だけで暴力行為を予測できないとすれば、何を手掛かりに子どもを深く理解できるだろうか。その点の把握はSOSを見落とさないことにも繋がる。

（b）「暴力」は具体的で観察しやすいが、心理的性向のような観察しにくい「攻撃性」とはどう違うのか。暴力は明らかに否定すべきものであるが、攻撃性はどうなのか。それは暴力行為が生じやすい青年前期をライフステージのなかでいかに捉えるかという課題をはらんでくる。攻撃性とはいかなる仕組みなのか。

（c）実際に暴力行為に走る子どもはそれほど多くはない。それでは走ってしまう子と走らない子の相違は何か。その子の性格によるのか。性格だと「荒っぽい子→暴力」「おとなしい子→非暴力」というありきたりの通俗的判断に陥ってしまう。では何らかの環境的条件または何らかの大人－子ども関係で相違が出てくるのだろうか。

これら三つの疑問に答えるのが「攻撃性」という用語である。「暴力」と比べると日常生活ではあまり使われず、使ったとしても暴力と同じ意味で用いられることが多い。これに対して、ここでの「攻撃性」はもっぱら（社会）心理学で用いられる学術用語である。そこで（a）～（c）の各疑問にそれぞれ答えていこう。

（A）人間の「外面」的言動と「内面」的な心理の本質を連結させて人間性を理解しやすくする概念装置が「攻撃性」である。その意味は第Ⅰ部2で触れたが、再度捉え直すと「個体がいだく敵意・憎しみ・怒り・不満・不安などによって周囲に危害を及ぼし、苦痛を与える行動であり、個体に秘められたそうした行動本性」を指す。いじめ行為も攻撃的行動だと捉えたのは、世界で最初にいじめ問題を学術的に研究したノルウェーの心理学者D・オルヴェウスであった。彼はいじめを次のように定義している。

> 私は一般的に、ある生徒が、繰り返し、長期にわたって、一人または複数の生徒による拒否的行動にさらされている場合、その生徒はいじめられていると定義している。ここでいう拒否的行動とは、ある生徒が他の生徒に意図的に攻撃を加えたり、加えようとしたり、怪我をさせたり、不安を与えたりすること、つまり基本的には攻撃的行動の定義に含意されているものである[9]。

いじめを青少年のさまざまな攻撃的行動の一環とする捉え方は、加害側と被害側双方の内面にまで眼を向けて、彼らの人間性まで掘り下げる姿勢があり、単なるいじめ問題の枠を越えて、青年前期の特性という重要な課題に及ぶ。他方、日本ではいじめはいじめ問題として把握し、子どもの内面や人間性への掘り下げに欠け、表面的で偏狭な思考法に止まっている。第Ⅱ部で論じたように、40年経っても同じようないじめ事件が後を絶たない理由もそのあたりにあるだろう。

ただ、攻撃性の一般的定義やいじめに含まれる攻撃性の側面の意味合いは、暴力に似て悪の価値判断に偏っており、これを「狭義」と位置づけたい。攻撃は英語では aggression で「攻撃、侵略」という意味が中心であるが、「攻撃的 aggressive」には好戦的、口論好きといった否定的な意味の他に、「進取の気性に富んだ、果敢な、障害をものともせず」といった肯定的な意味も含まれる。ここで攻撃と攻撃性を区別せずに用いると、攻撃性の根底には生命体が生命力を発揮しようとする基本的な構えが存在している点を見落とすことになる。青年前期の特徴で言えば、身体が急速に成熟する時期に個体の生命力の発現が特に高まるから、その発現に立ちはだかる人や機関、モノに対しては怒りや不満、不安を感じ、自らを守るために立ち向かっていくことになる。そして攻撃性には「生命力を最大限に発揮して前進する行動本性」という基本的な仕組みも潜んでいる。そこで否定的で同時に肯定的な両面の性格をもつのが攻撃性だと理解することができ、これを「広義」と位置づけたい。学術用語としての攻撃性もときに「狭義」の傾向を帯びることがあるが、価値中立的な性格をもたせて、人間性について幅広く力動的な分析をする「広義」の概念として主に使われる。日常語としての攻撃性はあくまで「狭義」の意味である。

（B）「広義」の立場に立ち、攻撃性の否定的・肯定的の両側面に正面から向き合ったのが第Ⅰ部2

で紹介したE・フロムであった。繰り返すと、彼は自己主張や自己防衛的に前進することを「良性の攻撃」と呼び、破壊や残虐的行動を「悪性の攻撃」として区別した。

この二つの攻撃性のアイディアを借りて、青少年の攻撃性について私は次のように考えたい[10]。攻撃性は、みずみずしい生命力の現われとして、すべての青少年が内に秘めていると捉える。ただし、彼らを取り巻く家庭や学校、地域などの条件次第では、その攻撃性が「良性」として現われることもあれば、逆に「悪性」として暴発することもあるというように、双方に揺れ動く攻撃性を想定する。そうすると、「良性」の攻撃は自己主張をはじめ、勉学に励む、生徒会活動や部活、その他独自の活動に精を出すことなどに現われる。一方、「悪性」の攻撃は軽度から重度まで見られるが、いじめをはじめ、校内暴力、器物損壊、非行・犯罪などとして現われる。また、攻撃が周囲に向けられる場合と自分に向けられる場合（薬物、自傷、自死など）も区別することができる。

（C）それでは、揺れ動く攻撃性が「悪性」に転化するには、いかなる要因が作用するだろうか。考えられる諸要因のうち、家族・仲間集団・メディア環境について眺めていこう。

（1）家族の要因。教職経験の豊かな社会心理学者であるK・リグビーがオーストラリアでいじめ調査をおこなった結果に基づき、イギリスで出版した学校いじめの研究書が参考になる。注目すべき内容は、いじめ加害者が自分の家族について感じた回答結果である。というのも、日本ではいじめ被害者については遺書を含めた記録や言動の様子などが公表されて、いじめを受けた苦しさの事実を知らされるわけだが、いじめ加害者についての情報はほとんど発表されない。直接面談するカウンセラーや弁護士などを除けば、いじめ加害の背後にどんな事情があるのかさえ理解されず、こんな一面的なことでは、子どもたちの深い人間洞察さえおぼつかない。もちろん、調査結果はオーストラリアの実態であるから、日本の事情については別に調べる必要があるが、おそらく似た傾向があるのではないかと推察すると、いじめ加害者の背景を理解するうえで参考になる(11)。

○私の家族は、私が悲しかったとき、共感もしてくれなければ、理解も示してくれない。
○私の家族は、家族が問題を抱えたとき、一緒になって対処しようとはしない。
○私の家族は私をまだ子どものように扱い、一個の人間として応じてくれない。
○両親は、私の将来や進路について関心をもっていない。
○私の家族は、互いに他の感情を考慮することがない、など。

これらを見ただけでも、なぜいじめ加害者のなかに不満や不安、いらだちが生まれ、悪性の攻撃性（または良性の自己防衛もあるだろう）が高まっていくのか、その攻撃性がなぜ他の弱い立場に置かれた友だちに執拗に向けられていくのか、背後にある家庭の事情が大きいことに思い至り、いじめ加害者も、実は家族のなかで被害を受けていることに気づかされる。日本ではいじめ加害者の背後に何があるのかという問題意識がきわめて弱く、いじめをめぐる状況の解明さえ不十分なまま、「いじめをなくす」という掛け声だけが盛んであり、これでは完全な解決はおぼつかない。

それでは悪性の攻撃への転化を左右すると考えられる家庭的要因について、さらに一般的に検討してみたい。すぐに思い浮かぶのは河合隼雄が論じる「母性原理」と「父性原理」がバランスよく発揮できているかどうかである[12]。あくまで「原理」だから、実際の母親と父親の役割そのものを指しているわけではない。「母性原理」は「包み込みと保護」の機能であり、主として母親が担うが、父親も担当することができるし、母親以外の祖母や叔母などであってもよい。この原理の下では安心感や信頼感を醸成するが、居心地がよいのでいつまでも続くと、家族を抜け出て独り立ちすることができない。そこで「父性原理」は、独り立ちに向けて踏み台となり、家族の外へ突き出し、それまでの「包み込みの保護の関係を切断する」機能を果たす。家族の外での社会的マナーを教え、対人関係のルールを手ほどきし、職業上の経験を伝えながら将来の進路選択の準備に向かわせる原理である。これは主として父親が担うが、母親も担当することができるし、祖父や叔父など他の人でもよい。序3で紹介した『児やらい』の序文に柳田国男が書いた「四鳥の別れ」では「どこかに区切りをつけぬと、いつまでも一人立ちができぬ」と述べられていた。それはまさしく「父性原理」を指し示すものにほかならない。

オーストラリアのいじめ加害者の声は、母性原理や父性原理の不在を語っている。さらに一般的に言えば、母性原理が強すぎて父性原理が弱すぎると過保護・過干渉に陥り、子どもの自我と自立性は育ちにくくなり、自己中心的な攻撃性に転化しやすいだろう。他方、父性原理が強すぎて母性原理が弱すぎると、不安が大きく安定性に欠け、反抗的な攻撃性に転化しやすいだろう。現代の日本では少子化ゆえに子どもに対する母性原理としての優しさは広がっても、若者のひ弱さが指摘されて厳しい父性原理の弱さが論じられることが多い。もっとも、児童虐待問題に代表されるように、母性原理の弱さも抱えていては、悪性の攻撃性が出現しやすいと言えよう。

二つの原理は、教師の対生徒関係にも当てはまる。以下は大学の私の授業「教育原理」で教職について触れたとき、学生がレポートに書いた経験談である。

中学2年生の1学期中、まったく宿題を出していない時期がありました。しかし、担任の先生は三者面談の際に、優しく「何かあった？ 1学期の分は出さなくていいから、2学期は頑張れる？」と問いかけてくれました。本当に救われる対応でした。生徒の気持ちを考えるというのは当たり前だけれども、難しいと思います。私はそれができる先生がたくさん増えてほしいです。〔大学生レポート③〕

普通ならまったく宿題を出さないことに教師は立腹して叱りつけるだろうし、第Ⅰ部3で触れた事例のように、宿題未提出に対して体罰を振るうケースが実際にあったくらいである。このレポートの担任は心身が不安定である青年前期の特徴を十分に理解していたか、あるいは宿題を出せない何らかの事情を密かに知っていたのかもしれないが、さりげなく「2学期は頑張れる？」と問いかけたことで、生徒に「本当に救われる」という感情を抱かせたことが重要である。担任がとった対応は母性原理に相当し、学生が当時直面していた何らかの危機から救われて、悪性の攻撃性が現出することはなかった。しかも、この場合の声かけは生徒の教師に対する信頼感を強めたはずである。

（2）仲間集団の要因。すでに第Ⅰ部1で、子どもの生活世界を構成する重要な場として取り上げた仲間集団では、異年齢集団の外遊びを通じて、上下関係や競争、協同、対立葛藤、友情などさまざまな人間関係を体得し、落書きや小さな生き物を殺すといったいたずらや殴る蹴るといったけんかなど、悪い経験もしてきた。いじめもその悪の一つである。ただ、年長者が取り仕切り、出入り自由な不定形な集団の遊びのなかでは、いじめのつらさや怖さに気づき、その限度を覚え、いじめがエスカレートせずに終わる場合も多かった。つまり、さまざまな遊びを通じて「悪」を少しでも知ることによって、はじめて「善」を分かることが重要である。そうした「悪」をめぐる密かな学習の結果、重度の「悪」には発展しない素地が育っていき、攻撃性への統制力がおのずと身に付いていく。ところが、子どもの社会性が発達するうえで大切な場である仲間集団が弱体化するとともに、子どもの生活は学校と家庭だけに限られていき、教師と親がとりわけ「いい子」に育てようとすれば、悪を知らず、したがって善も理解できず、攻撃性をコントロールすることもできなくなる。

大人が小さな悪でさえ全面否定するような態度をとると、善と悪の認識の力動性が失われ、攻撃性を発揮する方向性をも見失うことになるのではないか。「子どもと悪」の問題を正面から論じた河合隼雄は、盗みやうそ、いじめなど悪の具体事例を取り上げながら、単に悪を否定して終わるのでなく、悪のもつ意味に眼を向けるべきだと次のように主張する。

> 大人になって自分の子ども時代を振り返ってみると、自立の契機として何らかの意味での「悪」が関連していたことに気づく人は多いのではなかろうか。これはもちろん危険なことである。下手をすると、まったく悪の道への転落につながるだろう。しかし、危険のない意味あることなど、めったにないと言うべきだろう[13]。

どんな「小さな悪でも排除」するのか、それとも大きな悪に陥らないような自立に向けて、遊びを通じて「小さな悪に触れる」体験が子どもの発達過程に組み入れられていると理解すべきなのかが大人自身に問われている。まったく問題のないごく普通の子が突然暴発するケースは珍しくない。それは小さな悪的行動の経験がなく、攻撃性の自己統制力が乏しく、一気に悪性の攻撃性に及んでしまうためだと考えられる。

もう一つ、子どもたちの外遊びを通じて生じる攻撃性と自制心との関係についても触れておきたい。細井啓子が発達研究の知見を以下のように紹介している。

最近では、心理学ばかりでなく、脳科学の研究でも、幼少期の外遊びが攻撃性の発現を促し、一定の攻撃性が満たされると自制心が生まれてくるということが明らかになってきています。その攻撃性がピークになるのは、小学校低学年から中学年のころであり、いわばギャング・エイジ（徒党）と呼ばれるワンパク盛りのころです。この時期に家のなかでテレビゲームなどの受動的な遊びをしたり、塾やおけいこに通うなどして十分な外遊びをしないと、そのピークは思春期にずれ込みます。小学校高学年のころから、からだの急激な成長によってホルモンのバランスがくずれるために、攻撃性はさらに増幅されます。さらに、これまで抑圧してきた精神的なストレスや生活習慣の乱れなども加わり、キレる状態になりやすくなるということです。それは学級崩壊などの校内暴力や、家庭内暴力へとつながることにもなるのです(14)。

かつて流行した「キレる」という俗語表現は「切れる」（ひと続きのものが離れる、割ける）から由来し、安定した精神状態が急に乱調を起こし、悪性の攻撃性が暴発する言動を指した。統制心や自制心が失われる背景には、仲間集団でのごく自然な攻撃性発現の予防体験が乏しくなっていると推察できる。

（3）メディア環境の要因。ケータイからスマホへ急速にメディア機器が進歩を遂げて、ほとんどの中高生がスマホを所持している。小学生（特に高学年）の所持率も上がっているが、小学生とスマホとの関係については、親がいかなる態度をとっているかに左右される。今の子どもは親がスマホを日常的に使用している様子を見ながら育っており、スマホはごく当たり前の生活道具と受け止めているから、親との間で使用ルールの話し合いをしていなければ、自由気ままに使ってしまうことになりやすい。その実態についてさまざまな事例を把握しているのは小学校保健室の養護教諭である。そのうち、一つの事例を紹介しよう。

けんかをしたAがBの悪口をメールで複数の子に伝えました。一晩のうちにそれは広がり、一方の言い分しか聞いていない子たちは、Bを非難の目で見ました。教室に入れなくなったBは、保健室に体調不良を訴えてやってきました。話を聞くうちにトラブルの全容が見えてきました。Bは不安で教室に戻れなかったのです[15]。

現在の小学生の間ではよくありそうな事例であるが、気づかされることがいくつかある。

①スマホによる悪口は、対面関係による伝統的な仲間集団内でのけんかとは性質が異なる。仲間集団ではメンバーが状況を見ていて双方の言い分が分かるから、その場のやりとりで終わってしまうことが多いはずである。②ところが悪口がメールで拡散すると、けんかの状況が分からず、文字だけが独り歩きし、誤解や歪みが生じてしまって、一方的にBの悪いイメージだけが拡大して新たな問題へと発展する。③Aはおそらくごく気軽に悪口を書いてしまったのだろうが、予想しないような多くの友人にメールが拡散するうちに、メールによる短い文字表記が思いがけず極めて攻撃的な意味合いを帯びていく。④Bは教室に入るのが不安になり、体調不良に陥ったことからも分かるように、対面関係では空間的・時間的に限定的なトラブルのはずが、ごく気軽な悪口でもスマホを使ってメールに載せると、結果としては悪意のある攻撃のような影響力を及ぼしてしまう。ここで注意すべきは、スマホというメディア機器が攻撃的なのでなく、スマホの扱い方次第では文字発信が攻撃的になりうるということである。

すでに第Ⅱ部3の「ネットいじめ」で触れたが（表Ⅱ－2）、顔の表情、声の様子などの情報がなく、文字情報も限られているメールでは誤解や行き違いがよく生じる。それを防止するために、保健室の養護教諭は「顔を見て、自分の気持ちをことばで伝える」ことを指導している。

人類の三つのコミュニケーションで言えば、一方向的な「マス・コミュニケーション」と比べ、「メディア・コミュニケーション」は個人がいつでもどこへでも双方向的に通信し合うことができるから、こんな「利便性」のある機器はない。しかし、限られた文字情報（少しの絵文字・写真・動画を含む）が中心のやりとりでは誤解や行き違いが生じやすいという「不便性」をもつことを忘れるべきではない。子どもにとってスマホの「危険性」が話題になると、持たせない、使わせないという措置がすぐに指摘されるが、悪いのはメディア機器そのものではなく、その特性を理解しないで便利さにかまけて安易に用いてしまう使用法にある。したがって、スマホの使用法について親と子が話し合って家庭でのルールを取り決めて、適切に用いることが重要である。保健室の養護教諭も次のように主張する。「本当に大切なことは『使い方』のテクニックではなく、使用前にルール全般について『共に考える』ことにある」と[16]。

以上、これまで述べてきたことをひとまとめに単純化して図式にすると図Ⅲ-2のようになる。成長の盛んな時期にあるどの子どもにも潜む「攻撃性」と、それが「良性」と「悪性」に分岐する影響を与える諸要因として、「父性原理」「母性原理」「仲間集団による外遊び」「メディア機器使用のルール化」の四つを挙げた。もちろん、他にも検討する要因があるだろうが、これまで述べてきたことを分かりやすくするために単純化した図である。成人してからの「体罰」や「虐待」など暴力行動についても図に加えた。

4 青年前期の「居場所」と「不登校」

青年前期の内面をさらに深く理解するためのキーワードとして、「居場所」と「不登校」を取り上げ、事例としてある不登校生の手記にも耳を傾けたい。

辞書的に「居場所」は「座るところ、いどころ」というほどの意味なのに、青少年の「居場所」と

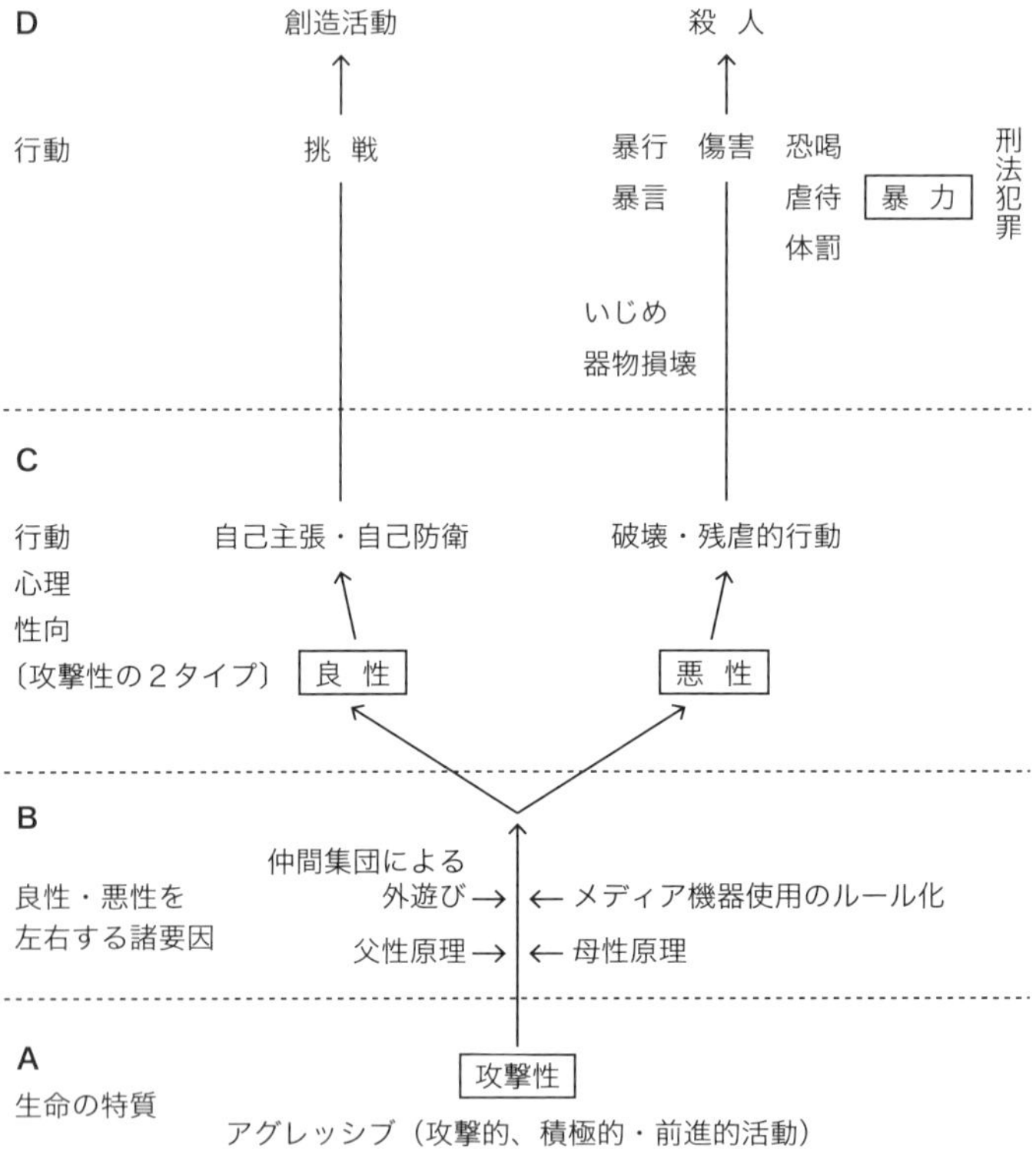

図Ⅲ－２　攻撃性の「良性・悪性」化

表現されると、心理的な深い意味合いを帯びて用いられる。さまざまな社会変化のなかで暮らしが分断され孤立化を余儀なくされている成人や高齢者にとっても、「居場所」が問われるようになった。こうして「居場所」には二つの意味合いが浮かび上がる。一方では居る「場所」であり、他方では自分がその場に居て、安心や落ち着き、自分らしさの確認、満足感といった「確かな心理的手ごたえ」を感じられることである。もちろん重要なのは後者の心理的手ごたえが得られる場であり、アイデンティティ感覚の前段階とも言えようか。ただし、図Ⅱ－1で示したように、子どもの場合は家庭・学校・仲間集団という三つの異質な環境が社会変化のなかで学校に収斂されるかのように一元化されていると、「居場所」という表現は追い詰められるなかでもなお確保しうる自分らしさの安定的空間といった、狭く閉ざされたニュアンスが漂う。不登校の子どもたちにとっては、自宅の自室やSNS、学校の保健室、フリースクールあるいはフリースペースなら元気になれる、といった現実がある。

とはいえ、急速に発達を遂げる青少年なのだから、もっと積極的に開かれたイメージをもたせてもよいのではないか。そこで、登山の「ベースキャンプ」に例えてみよう。頂上を目指すときに、途中で用意周到に準備して登山の態勢を固めるための「基地」を創る。この基地で天候や体調などの諸条件を点検して、出発の判断を下す。つまり、「居場所」とは、その後の発達の基礎固めとなる心理状態であり、「基地」としての空間的場所にほかならない。この「基地」という意味合いを込めて「居場所」を使うことにしたい。

「居場所」が空間と心理の二つの意味を帯びて使われるようになったのは、1980年代に不登校が増加していくなかで、学校に居場所が無い、学校以外のどこに居場所を見つけられるか、といった議論がなされるようになってからである。日常語のように使用されるうちに、１９９０年代以降には不登校や現代青少年を研究する際のキーワードとなった(17)。「不登校」は１９６６（昭和41）年度から学校基本調査に登場するようになったが、病気または経済的理由を除き、年度内に30日以上（それまでの年間50日以上が１９９１年度から調査基準が変更された）連続または断続して欠席している状態を言う。２０１７（平成29）年度の文科省による調査では、不登校生は国公私立学校の小学生が３万５０３２人（小学生全体の０・５％）、中学生が10万８９９９人（中学生全体の３・２％）で計14万４０３１人（全体の１・５％）に及ぶ。２００７（平成19）年度と比べた10年間の割合変化では、小学校では０・３％から０・５％へ、中学校では２・９％から３・２％へ上昇している(18)。

このように、もはや不登校は一部の子どもたちの異常な現象とは見なせなくなり、現代の学校教育に伴う不可避の現象であると、従来からの見解を転換させる必要が出てきた。国会でも議員立法により２０１６年に「教育機会確保法」が成立し、民間のフリースクールや公立教育支援センターなど、不登校生の学びの場を確保することが国と自治体の責務であり、必要な財政上の支援に努めることが定められた。こうした新たな流れのなかで論点が明確になる。すなわち〔A〕「学校はどうしても行かねばならない場所である」と既成の学校を絶対視するか、あるいは〔B〕「学校は学ぶための一つの場所であり、通ってもよい場所である」と既成の学校を相対視するか、いずれの立場に立つかである。

従来は〔A〕が自明の前提であったが、今では〔B〕の考え方に拠って、学校外でのさまざまな学びの場が創られている。不登校生の保護者も〔B〕の立場に変わることで、子どもとの関係が円滑に運ぶようになった、という声が寄せられている[19]。〔A〕がこれまでのゆるぎない教育言説だとすると、〔B〕は新たな対抗言説である。とはいえ、〔B〕は〔A〕をカバーする程度の補足的考え方だとすれば、それは本当の対抗言説とは言えず、学校そのものに対する根本的な認識転換に至ってはじめて対抗言説になりうる。その代表的言説として、1970年代に日本でも大きな議論を呼んだI・イリッチの「脱学校 deschooling」を挙げたい。「脱学校」とは理解しにくい訳語であるが、精確に言えば「教育の非学校化」である。イリッチによれば「学校化」とは独特の意味合いで、価値を実現するために人間は制度をつくりながら、その制度に依存しすぎる結果、価値を実現できない状態に陥ることを指す。つまり「学校教育 schooling」が「教育 education」を独占してしまって学習成果を上げられない学習・学力格差や学習嫌いなどの弊害を生み出しているから、その独占を解き放ち、新たな教育関係を作り出すべきだ、というのが「脱学校」の主張である[20]。日本語では「教育」という同じ用語が付いているので、学校教育が教育のすべてであるかのように錯覚しやすいが、英語の schooling は education の一部でしかなく、education は幅広いさまざまな形態が可能である。第I部2の「心の教育」でも触れたように、「現代の大きな問題の一つは多くの人々が学校教育を受けて（schooled）いながら、教育はほとんど受けて（educated）いないことである」という指摘も同じ趣旨である。イリッチは先進国で共通する学校教育の急速な量的拡大と、それに伴う種々の教育問題について批判的な眼で眺めていた。さらに彼は学校に依存しやすい児童期、青年前・後期だけでなく、成人期の学びも包摂しながら新たな教育関係を根底から問い直している。それが「脱学校」の原理なのであり、それこそ〔A〕に対する真の対抗言説と言えるだろう。

ところで、子ども理解をさらに深めるために、ある不登校生（ボク＝彼）が青年前期の心のうちを綴った手記に眼を移そう。その手記は不登校の心理状態や不登校からの脱出過程を率直に文字表記した貴重な記録である。その一部を抜き出しながら、「居場所」を具体的に確認していきたい(21)。少し長すぎる引用もあるが、不登校生の内面を自ら文字化している珍しい記録なので了解いただきたい。

不登校になったきっかけはこうである。中学1年のとき、理科の実験授業の際にやんちゃ盛りの二人の生徒がいたずらをして、大きな事故につながりかねなかったことに理科の担任が怒り、やった者に手を上げさせて放課後に残るよう命令した。無関係だったにもかかわらず、こわもての二人から標的にされ、道連れにされた彼も生徒指導室に行かざるをえなくなった。事件の報告を受けたクラス担任は事実を確認しないまま、手を上げなかった彼を「卑きょう者」とののしった。怒る担任と道連れにした二人を前にして彼は何も言えず、それから彼は学校に行くことを渋るようになった。不登校のきっかけにいじめ的な要素が加わったケースである。一日休むと次の日はもっと学校に行くハードルが高くなった。不登校の最初の様子について、彼は次のように記している。

こんな状態が続くうちに、もう学校にはボクの居場所はないと思うようになり、ボクはますます追いつめられていきました。

学校を休むようになってから、母親からの学校への働きかけもあって、担任の先生がボクの家に来るようになりました。ボクはそれが嫌で嫌で仕方ありませんでした。あの事件以来「学校は怖い場所」と心から感じてしまっていたボクにとって、学校に関わる全てのものが恐怖や嫌悪の対象になってしまっていたからです。…

親としては「どうすればこの子が、また学校に通えるようになるか」を考えていたのかもしれません。けれどボクとしては「どうこの状況を解決するか」を親に求めていたのではなくて、「大丈夫？何かつらいことでもあった？」「無理して話さなくてもいいけど、お父さん、お母さんは、あなたの味方だからね」というひと言をほっしていました。…家族が苦しむ原因が全て「ボクが学校に行かないこと」にあるのだと思うと、親への罪悪感がどんどん膨らんで、更に心が痛んでいきました[22]。

彼は結局1年半も不登校を続けた。唯一没頭したのはゲームで、夜に隠れるようにやっていたから、昼夜逆転の生活になってしまった。しかし…と彼は続ける。

父や母、周りの人たちから見れば、たしかにボクはゲームをしているようにしか見えなかったかもしれません。でもボクは、自分を守っていただけなんです。「もう学校にも家にも居場所がない」「自分は何をしてもダメな人間なんだ」という感覚から逃れることができるなら、ゲームじゃなくてもよかったんだと思います。ただ、当時のボクにとって自分を守る手段はゲームしかなかったのです[23]。

引きこもりを続けていた彼の内面に変化が訪れたのは、学校から紹介されていた「学校に行かなくなった子どもたちが集まる居場所」（現在は公立「教育支援センター」と名称変更）に、コンビニに行ったついでに何気なく足を踏み入れたときである。小学1年生から中学3年生までの子どもたちが何人かで一緒にスポーツをしたり、楽器で遊んだり、勉強をしたり、思い思いに時間を過ごしていた。そこで彼は50代くらいの鈴木という女性相談員と出会う。子どもたちの輪に中に入れなかった彼は、鈴木さんとたどたどしい会話を交わすことになった。

ボク「学校、行ってなくて。」
鈴木さん「そうなんだねぇ。でさ、直輝くん、昨日の巨人 vs 阪神戦、見た？　野球中継！」
ボク「あ…、見ました。ボク、野球見るの好きで…。」
鈴木さん「野球、好きなんだね！　すごい試合だったよねえ。直輝くん、見てみて、どうだった？楽しかった？」

このたった数十秒の会話の中に、ボクにとって、心にドーンと衝撃を受けるような「嬉しさ」がありました。鈴木さんが会話をしてくれている対象や相手は、「学校に通っているボク」でもなく、「学校に通っていないボク」でもなく、ただただ「ボク」だったんです。「ボク」が何を好きなのか、何に興味があるのか、どんなことを日々考え感じているのか…

「ああ、この人は、『学校どうこう』ではなく、『ボク』と話をしてくれているんだな。」

真っ暗闇に一人でいると思っていたボクにとって、あるがまま、そのまま受け止めてもらえたことがとにかく嬉しかったのです。…そしてこの嬉しさや安心感が入り口となって、少しずつボクの生活や考え方に変化が生まれていきました[24]。

このありふれた会話を通じて彼が「衝撃」をもって感じたのは、彼自身の存在をあるがままに受け止めてくれた、つまり「承認」されたことである。それは彼の頑なな心が解き放たれていく契機となった。これまでは「学校ありき」を前提に、学校に「行く」「行かない」の話題に終始し、「ボク」が対象にされてはいなかったからである。彼はその後、中学校に復帰し、紆余曲折を経て、高校、大学を通じてさまざまな経験を経て青年後期の発達を達成することになるが、その経緯については長くなるので省略する。

重要なのは、ここでの何気ない会話が「他者による承認」となり、少しずつ「自らの自己承認」そして「自尊感情」が確立していく始まりとなり、それが次の青年後期での前進に向けた心理的「基地」の確保となったに違いないことである。「基地」は学校による教育の独占を解き放つ突破口となるかもしれない。もちろん、それは学校を無視することではない。「自己承認」によって築かれた「基地」に依拠して、絶対化を崩して相対化された学校には通うことになるからである。

以上のように、さまざまに困難な課題に直面する現代の青年前期の子どもを前にして、教師そして親も、「子どもに寄り添う」役割はいっそう重要である。「寄り添う」という文言は麗しく心地よい感覚があるだけに、教師‐生徒関係を含む大人‐子ども関係で気軽に使われる。しかし、具体的にどのように行動することか、ということになると漠然としているから、明確にしておこう。「寄り」は空間的な傍にいる、「添う」は相手を理解しようと心理的に波長を合わせて深く交流する、の意味として捉えられる。近くにいても心理的に波長が合っていないこともあるし（「寄り」のみ）、遠くにいるが心理的に波長が合っていることもある（遠くから見守るという姿勢で「添う」のみ）が、もちろん

「寄り＋添う」が理想的である。とはいえ、交流の具体的行動は容易ではない。一歩前に立って厳しく引っ張って指導する場合もあれば、観察し対話しながら伴走する場合もあり、一歩遅れた地点から本人の揺れ動きを温かく見守る関係もあるだろう。その時々にいずれの関係を選択するのが適切かを判断するのも、結局は子どもをどれだけ理解しようとしているかに関わる。

【注】

（1）笠原嘉『青年期 ―― 精神病理学から』中公新書、１９７７年、第六章。

（2）今津孝次郎『人生時間割の社会学』世界思想社、２００８年、98～１０２頁。

（3）Erikson, E. H., Life Cycle, *International Encyclopedia of the Social Science*, vol.9, Crowell-Collier and Macmillan, 1968, p.286.

（4）今津孝次郎『人生時間割の社会学』前出、２４１頁。

（5）文科省ウェブページ「平成29年度児童生徒の問題行動・不登校等生徒指導上の諸課題に関する調査結果について」12頁。加害者の性別割合は引用者が作成。

（6）同、10～12頁。暴力行為の分類別および学校種別割合については引用者が作成。

（7）A・ストー『人間の攻撃心』高橋哲郎訳、晶文社、１９７３年、76～77頁。

（8）A・マズロー『人間性の心理学 ―― モチベーションとパーソナリティ』〔改訂新版〕小口忠彦訳、産業能率大学出版部、１９８７年、第7章。

（9）D・オルヴェウス『いじめ　こうすれば防げる ―― ノルウェーにおける成功例』松井賚夫・他訳、川島書店、１９９５年、28～29頁、傍点は原文イタリックで強調（原著１９９３年）。

（10）今津孝次郎『学校と暴力 ―― いじめ・体罰問題の本質』平凡社新書、２０１４年、１８０～１８１頁。

(11) Rigby, K., *Bulling in Schools: And what to do about it*, JKP, 1997, p.74.

(12) 河合隼雄『母性社会日本の病理』中央公論社、１９７６年（講談社＋α文庫、１９９７年）。

(13) 河合隼雄『子どもと悪』岩波書店、１９９７年、25頁。

(14) 細井啓子『ナルシシズム——自分を愛するって悪いこと？』サイエンス社、２０００年、１７１〜１７２頁。

(15) 今津孝次郎監修・著、子どもたちの健やかな育ちを考える養護教諭の会編著『小学校保健室から発信！ 先生・保護者のためのスマホ読本』学事出版、２０１７年、51頁。

(16) 同書、１０４頁。

(17) たとえば、田中治彦編著『子ども・若者の居場所の構想——「教育」から「関わりの場」へ』学陽書房、２００１年、住田正樹・南博文編『子どもたちの「居場所」と対人的世界の現在』九州大学出版会、２００３年、安部真大『居場所の社会学——生きづらさを越えて』日本経済新聞社、２０１１年、など。

(18) 文科省ウェブページ「平成29年度児童生徒の問題行動・不登校等生徒指導上の諸課題に関する調査結果について」（前出）、70〜72頁。

(19) 「朝日新聞」（名古屋本社版）２０１８年8月27日付「学校がつらいとき」。本来の「フリースクール」は欧米で子どもの自主性を尊重する私立学校を指すが、日本では主に不登校生を対象にした学校に代わる新たな学びの場（全国に４７０箇所余り）を指す。

(20) I・イリッチ『脱学校の社会』東洋・小澤周三訳、東京創元社、１９７７年。イリッチが同時に論じる「医療の学校化」について知ると、「学校化」の意味がさらに理解しやすくなる。医療が病院と医師という制度に依拠しすぎた結果、医療過誤や薬剤依存といった弊害が生じ、人間本来がもっている健康維持の仕組みを台無しにしているという主張である。イリッチ『脱病院化社会——医療の限界』金子嗣郎訳、晶文社、１９９８年。

(21) 浅見直輝『居場所がほしい——不登校生だったボクの今』岩波ジュニア新書、２０１８年。

(22) 同書、９〜11頁。

（23）同書、21頁。

（24）同書、29〜30頁。

2 教員の「ストレス」と対処法としての「協働性」

1 教員ストレスの仕組み

１９８０年代冒頭からの「荒れる学校（子ども）」も８０年代末からようやく沈静化していった。とはいえ、表面的には「荒れ」とは見えないかたちのいじめや不登校などが新たにクローズアップされていくなかで、生徒指導上の諸課題が教師の任務として大きな部分を占めていく。しかも臨教審が教員批判を表明し、教員評価の必要性を主張したのと呼応するように、９０年代を通じて保護者や地域の人々から学校や教員に対するさまざまなクレームや注文が多くなっていき、その流れは現在まで続いている。そうした背景の下で、１９９０年代後半から教員の「多忙化」が目立つようになった。心身に不調をきたす教員に焦点が当たるなかで話題となったのが「ストレス」である。ただ、ストレスという用語は単に「心理的圧力」といった表面的理解に止まりがちなので、厳密な用語確認が必要である。多忙化が問題視されるようになってから20年ほど経った２０１８年に、ようやく政府も「働き方改革」の一環として学校にも眼を向け、「教員の長時間労働を解消する方策」が中教審特別部会で審議された。それだけに、適切なストレス理解がいっそう不可欠である。

（1）教員のストレスの特徴を理解するために、まずはストレス全般について説明しておきたい。「ストレス」という新語で人間生体に関する学術研究は1900年代前半から生理学の分野で始まっていた。後半になると生理学を越えて一般にも広く知られるようになり(1)、心理学や社会学とも関係する幅広い研究へと発展していく。先進諸国で医師や看護師、ソーシャルワーカーなどの「対人関係専門職」にとって、職業活動が生身の人間を相手にすることからくる複雑な関係のなかで生じる心理的負担の問題に焦点が当てられる。

そのなかに教員も位置づけられるわけだが、最初に注目したのはイギリスの研究者であった。世界で最も早く1970年代後半から「教員ストレス teacher stress」研究に取り組んだキリアコウらの定義に従うと、「教員ストレスとは、教師が勤務する学校での仕事のなかで抱く、怒り、緊張、葛藤、不安、抑鬱といった不愉快な感情である」(2)。教員の仕事に向けられた要求がストレス源（刺激）としての「ストレッサー」で、その要求刺激に自分の能力や願望が追いつかず、脅威を感じるときに現われる心身反応の総体が「ストレス（反応）」である。脅威は教職に関わるストレッサーだけでなく、教職以外の刺激を伴うこともある（たとえば家庭内のトラブルなど）。また、同じ刺激でも個人によってストレスになったりならなかったりするのは、刺激に対する各教員の能力や願望の知覚や評価が異なるからである。そして、ストレスの程度が極度に高まり、自尊の感情が崩壊して幻滅感が増大し、深刻な心身症状を呈する状態が「バーンアウト burnout syndrome」（燃えつき症候群）で、「対人関係専門職」すべてに共通する現象である。「教員バーンアウト」の場合も、心身疲労や無力感、感情枯渇をはじめとして、教職意欲の減退、学校での対人関係的引きこもり、欠勤さらには離職といった諸行動を伴う。現在の日本で心身不調のまま仕事を続けたり、重症化して休職を余儀なくされる教員はそうした症候群に該当すると考えられる。

（2）多忙化が指摘され始めてから現在に至るまで、教員に対するストレッサーは明らかに増えている。中学校を中心に早朝や夕方そして休日も指導に当たってきたような部活の担当者の負担はすでによく知られた実態である。また多様な課題を抱えた生徒に対する指導についても、生徒とのやりとりはもちろん、その他学校内・外との毎日のやりとりで多くの任務がある。そのうえ２０００年代以降に急ピッチで進められる教育改革は学校にとってゆとり感を減少させるだけにストレッサーとなる。イギリスの教員ストレス研究も、１９８０年代を通じて首相を務めたサッチャーによるナショナルカリキュラムの導入など大規模な教育制度改革に学校が翻弄されて教員が示すさまざまな否定的反応が対象となっていた。

日本では２００７（平成19）年度から40数年ぶりに始まった全国学力テスト（「全国学力・学習状況調査」）がある。それは授業改善のための基礎資料を得ることが本来の目的であるにもかかわらず、テスト結果が都道府県別にランキングされてマスメディアで報道されると、点数という客観的な数値指標は評価に直結しやすく、どうしても学校評価や教員評価を意識せざるをえなくなっていく。さらに、２０１０年代に入ってからの相次ぐカリキュラム改革である。小学校英語や道徳だけでも準備に大きな手間がかかるうえに、プログラミング教育までも必修化されるとなると負担感は倍加する。そして２０１７年度末に公示された新学習指導要領では、「アクティブ・ラーニングの視点に基づく授業改善」を目標とする「主体的・対話的で深い学び」が新たに提起された。さらに、限られた授業時間のなかで学習内容の増加に対応しながら「学び」を最大限に実現するために、各学校が「カリキュラム・マネジメント」を確立することも合わせて提起された。こうした新しい用語を主軸にした教育実践目標は、各学校が独自に工夫する余地が大きい。独自な工夫を嬉々として推進できればそれに越したことはないが、各教員に課せられる負担感は確実に重くなる。

では以上のような教育改革に学校が取り囲まれたとき、教員はいかなる反応を示し、どの程度のストレスが生じるだろうか。ストレスの現われ方には個人差がある。自分の内部から自発的で能動的な姿勢をとればストレスは軽く済むだろうし、反対に外部からの圧力として受動的な姿勢をとればストレスは強くなるだろう。あるいは、教育改革に無関心で自分の取り組みを変える必要性は感じずに、今まで通りの教育実践のスタイルを繰り返せば、ストレスはあまり生じないだろうと予測できる。

同じようなことは初任者研修や10年経験者研修といった法定研修をはじめ、10年ごとの教員免許状更新講習、また各地域の教育委員会が独自に取り組んでいる各種の現職研修に対する姿勢にも個人差が考えられる。学校外でおこなわれる研修参加のために日常の業務を細かく調整し、研修を受けた後報告書を作成するのはかなりの負担であり、子どもたちとの触れ合い時間を削ることにも不満があって、ストレスが生じる。ただ、せっかくの研修機会が与えられるので自分の資質・能力を向上させる貴重な機会として積極的に受け止めれば、ストレスの程度も弱くなるだろう。

以上は、ストレッサーと個々の教員との関係に注目した議論であるが、両者は決して直結しているのではなくて、その間に介在する各学校現場や教育委員会がストレッサーに対していかなる態勢で臨もうとしているかという重要な変数を見落とせない。その在り方次第で個々の教員のストレスの実態も変わってくる。それが次の検討課題である。

（3）ここで「教師」でなく「教員」とあえて表記している理由を述べておきたい。両者は同じ意味として使われることが多いが、「家庭教師」とは言っても「家庭教員」とは言わないことから明らかなように、厳密に言うと両者は異なる。教師は教える職業人を指し、教員は学校組織の一員を指している。そして「教師」は主に理想的に捉えられ、教える専門性を追求しようとすることばである。「教員」は主に学校組織のなかの勤務実態を表現することばである。そうすると、同じ教師の内面に理想的な「教師」の側面と現実的な「教員」の側面が併存するが、両側面は乖離したり対立しやすい。「望ましい教育をおこないたいが、学校の勤務条件下ではその実現が難しい」というように。

こうした理想と現実の乖離はさまざまな対人関係職に共通して見られ、この両側面の乖離がストレッサーの一つとなる。したがって、教員ストレスも「多忙化」だけに注目し、単に労働時間の短縮化だけで解決できるとは限らない。それはあくまで「教員」の側面だけに注目しているからである。以下では「教師」と「教員」を区別して使用するが、文脈によっては相互互換的に用いる場合もある。

働き方改革として労働の「時間量」だけでなく、労働の「質」を問う必要がある。多忙化とは、勤務内容が多すぎて残業時間が長くなり時間に追われている状態を指すが、それは観察しやすい「教員」の表面上の特徴であって、「教師」にとってもっと重要な特徴は、教職活動が細切れの過密状態に陥り、教師と子どもが人間全体として向き合うことができにくくなっている状況を意味し、教師が自らの日々の教育実践について振り返りながらじっくりと考えるゆとりもなくなっている状態を指している[3]。子どもとの触れ合いや考えるゆとりが保障されれば、少しぐらいの多忙は苦にならず、働きがいを感じるのが日本の勤務熱心な教師の姿のはずで、それが労働の「質」を示している。では、どのように「質」に接近して検討すればよいか、一つの手掛かりを次に紹介したい。

2　教員ストレスの実態解明への視点

日本でも教員の多忙化やストレスが大きく論議され始めた時期に、私の研究室では東海地域の小中学校教員を対象にストレス調査をおこなった。１９９９年から２００３年にかけての実施であるから、現在の実態とは異なるであろうし、地域も限定されているので全国の平均的な実態とも違っているであろう。にもかかわらず、ここで紹介するのは教員ストレスを解明する際の視点を具体的に示し、教員と学校組織の諸関係を検討するための枠組みを提示するためである。

（1）一般教員の「バーンアウト傾向」

最初に示すのは、愛知県内の小中学校の教員９１６人（校長・教頭を除く）を対象に１９９９年に実施した、教職生活とストレスに関する調査結果の概要である[4]。ストレスという心理的な特徴を測定する方法は次のように工夫した。すなわち「怒りっぽい」「なにごとにも自信がない」「むなしい感じがする」「ひとりぼっちという感じがする」「人の欠点ばかり気になる」という五項目を挙げて、バーンアウト「傾向」の尺度を構成した。教員が抵抗なく気軽に回答できるようにという調査技術上の配慮から、精密な医学的尺度に比べて項目をあえて簡略化したので、あくまで「傾向」というおおよその特徴把握である。

尺度得点に基づき、バーンアウト傾向の強い順から「高位・中位・低位」の三群を区別したところ、全体では「高位」群が３・９％、「中位」群が42・２％、「低位」群が52・３％となった。たとえば教員が30人いる職場を想定してみる。バーンアウトそのものというべき「高位」は一人いる割合で、その教員はすぐに医師ないしカウンセラーに相談した方がよいケースと言える。逆にストレスが弱い「低位」群は過半数の16人となり、その学校の教育実践を意欲的に牽引している層である。もちろん、現在ではこの「低位」群がやや減って「高位群」が少し増えているかもしれない。ただ、マスメディアで教員の心身異常が騒がれると、いかにも日本の教員の多くがストレスに脅かされているといったイメージを抱きやすいが、この調査結果からすれば一部の実態が過度に受け止められているのではないか、と感じられる。注意すべきは「中位」群が半分近い13人いるという点である。この層は今後「下位」層へ移ってバーンアウト傾向が弱くなるか、逆に「上位」層に変わってその傾向が強くなるかという不安定さを抱えており、「中位」群の存在を見落とせない。

なお、こうした三群分布割合は小・中学校別であまり違いはないが、性別では女性の方がややバーンアウト傾向が強く、世代別では「低位」が過半数を占めて元気がある30～40代と比べると20代で「高位」「中位」群がやや多く、50代では「中位」群が過半数に及び、50代の「低位」群割合は世代のなかで最も低い。20代では教員経験の浅さや職場への不慣れなどがあると考えられる。50代では、子どもたちの意識や行動とのギャップ、教職実践のマンネリ化などの問題が潜んでいると思われる。

バーンアウト傾向の程度と強く関係すると判明した教職生活に関する内容を四つだけ挙げておこう。第一は「授業準備を万全にして授業に臨む」に対する肯定回答である。「高位」群では38・9％、「中位」群は56・3％、「低位」群は70・6％で、授業準備ができているほどバーンアウト傾向は弱い。逆に授業準備ができていないからバーンアウト傾向が強まるのか、バーンアウト傾向が強いから授業準備ができないのか、おそらくその両方であろう。第二は「問題が起きても自分一人で解決することが多い」に対する肯定回答である。「高位」群では61・1％、「中位」群は38・5％、「低位」群は34・4％で、問題を一人で抱え込むほどバーンアウト傾向が強まる。第三は「同僚との関係はうまくいっている」に対する肯定回答である。「低位」群（95・8％）「中位」群（91・4％）に対して「高位」群で75・0％に下がることを見ると、同僚との関係がうまくいかないとバーンアウト傾向が強まることを指摘できる。第四は「学校内に相談にのってくれる同僚や教師仲間がいる」に対する肯定回答である。「高位」群では66・7％、「中位」群は88・4％、「低位」群は94・8％で、学校内で相談できる仲間がいると、バーンアウト傾向が和らぐことが分かる。

実はこの調査の狙いは、ストレッサーとストレスの間にある媒介変数としての教員同士の連携や「協働性」がストレスをどう緩和するかを明らかにすることにあった。第二～第四の内容はそのための質問項目である。

(2) 校長・教頭の「バーンアウト傾向」

次に示すのは、２００2年に愛知県と三重県の小中学校の校長１０３７人と教頭１０５５人の計2

092人を対象に、一般教員とほぼ同じ質問票で調査をおこなった結果の概要である(5)。これまで学校管理職は大きなストレスを受けると言われてきたが、バーンアウト傾向の結果を見ると、校長の「高位」群は0・1%、「中位」群は20・5%、「低位」群は77・7%であり、医師などに相談すべき校長は1000人に1人となる。ただ、中程度のストレスを感じている校長が10人に2人いる実態も見落とせない。他方、教頭の場合は「高位」群は1・9%、「中位」群は28・4%、「低位」群は67・8%で、校長よりもバーンアウト傾向がやや強くなっている。校長・教頭とも小・中別で違いはない。総合的に見ると、多くの校長・教頭はあまりストレスを感じてはおらず、心身共に安定しており、教職への肯定的評価も高く、多忙ではあるが充実した職業生活を営んでいる様子が浮かび上がる。もちろん、保護者からのクレームや注文などの今日の状況を勘案すれば、今では「高位」「中位」群が増えていることも想定されるが、ほぼ同じような調査時点と調査地域での二つの調査結果を見比べると、校長・教頭のバーンアウト傾向は一般教員よりもかなり少ないことに気づく。

そこで、対象・地域・時期が同一ではなく厳密な比較にはならないが、校長・教頭・一般教員の状況を比べられるデータは珍しいので、校長・教頭・一般教員の特徴の違いが如実に示されている「(g)仕事よりも自分の生活や時間を大切にしたい」「(j)毎日ひじょうにいそがしい」「(k)疲れを感じない」「(l)頭がぼんやりする」「(m)足がだるい」の五項目だけを抜き出して表Ⅲ-3に掲げた。「教職生活」に関する具体的な内容について、三者の特徴の違いが如実に示され、一般教員がより深刻な状況にあることが分かる。

管理職のバーンアウト傾向が少ないという特徴はどこから来るのだろうか。考えられることの一つ

表Ⅲ－3　校長・教頭・一般教員の教職生活の比較

（特に顕著な差異が認められる項目に関する肯定回答の一部、％値）

教職生活	校長	教頭	一般教員
(g) 仕事よりも自分の生活や時間を大切にしたい	19.5	37.0	58.7
(j) 毎日ひじょうにいそがしい	65.0	83.4	94.2
(k) 疲れを感じない	40.7	31.9	13.6
(l) 頭がぼんやりする	19.3	29.2	44.1
(m) 足がだるい	18.0	25.7	48.1

（［注］（5）のうち田川隆博の作成による表から抜粋）

は、現場の前線にいる一般教員は児童・生徒への対応が毎日の仕事で、生徒指導や学習指導で多忙であり、状況によっては無力感や自信の無さを感じやすい。それに対して、校長・教頭は保護者や地域の大人と接することが多く、子どもの場合よりもコミュニケーションが少しは容易だと思われる。二つ目は、管理職としての自尊心と、学校経営に従事する充実感が基底にあるだろう。三つ目として、もしかしたらストレスに強い教員が（結果として）教頭や校長に選ばれているかもしれない。

これらの結果は、教員の「多忙化」の一般的な捉え方に反省を迫っている。つまり「多忙感」を覚えても、それがストレスになる場合もあれば、それほどストレスにならない場合がある。単に「教員の多忙化」という文言だけでは教職の実態全体を理解することはできず、「多忙化」の職務内容の客観的状況と、「多忙化に対する個々の教員の心理的反応」としての「多忙感」、さらには「ストレス反応」という三つの次元に分けて、それぞれの関係について詳細に分析していくことが要請される。

3　ストレス対処法としての「協働性」

ストレッサーが増える学校環境をいかに改善するかは、働き方改革の根本課題である。すぐに頭に浮かぶのは何よりも教員数を増やすこと、そして教員が余分に負っているような任務を精選して仕事量を減らすことである。少子化だから教員数を減らすと形式的に考えるのではなく、少子化の今だからこそ逆にクラス規模を小さくして、きめ細かな教育を実施できる環境づくりのチャンスであると捉える。とはいえ、人件費予算削減の観点から教員減を図ろうとする財務省と、質的にもきめ細かな教育を実現するために教員増（または教員削減の縮小化）を図りたい文科省との長年の綱引きでは、前者の形式論が優勢であり、教員の働き方改革を審議する中教審特別部会も予算削減の前提からスタートせざるをえなかった。

この前提では根本的な解決はおそらく難しいと感じられるが、現実主義的な改善策が検討された。教員の任務を精選して、余分と思われる部分は外部の人材にサポートしてもらう（たとえば部活の専門指導員、生徒指導を円滑に推進するためのスクール・ソーシャルワーカーの導入など）、長時間勤務を是正するために、自発的に担うとされていた業務（部活指導など）も労働時間に組み入れて総時間数の上限を定め、まとまった休暇期間をとれるようにする、など。もちろん、それらの提案には議論の余地があり、その一部は後で「チーム学校」を事例に検討する。いずれにしても実現した方がまだしも改善の一歩となることを認めたうえで、なお教職の特徴を踏まえて過重なストレッサーを軽減する別の課題を取り上げたい。それは身近すぎるので見落としがちな課題である。

つまり、教員ストレス調査結果から得られたように、教員同士の連携やサポートがストレスを弱めるという知見である。この知見を生かすには、制度改革や財政支援を必要とせず、日常の職場で少しの工夫次第で実現可能な対処法である。今もなお教員の心身疲労が蓄積し続けているだけに制度改革を待っておれない状況下で、喫緊の策として有益なはずである。

「対人関係専門職」として、教職はもともとストレスに満ちた仕事である。したがって教員ストレスが高まっている原因として、それは子どもや保護者の諸変化、矢継ぎ早の教育改革などのストレッサー刺激要因だけではなく、同時にストレス緩衝装置としての教員連携の弱体化について考える必要があろう。もしかして、ストレッサーがストレス緩衝装置まで弱体化させているのかもしれない。教員が孤立化せざるをえず、「教員集団」という発想自体も低下し、生徒指導や保護者との対応に独りで対応してしまいがちになり、心身をすり減らすような状態に陥ってはいないだろうか。

すでに1980年代後半に、宗像恒次らは「対人関係専門職」を対象とした精神健康管理に関するアンケートを教員にも実施し、その調査を踏まえながら、情緒的支援ネットワークをもっていることが、燃えつき状態を軽減させる重要な手立てであることを明らかにした。情緒的支援ネットワークとは、「あなたの気持ちを敏感に察してくれる人」「あなたの仕事を日頃評価し認めてくれる人」などが身近に存在するということである。つまり、教員同士の連携があり、集団としての協働性があればストレスも軽減され、バーンアウトも生じにくい、ということになる(6)。

同様の指摘は1990年代末から2000年代初頭の英米でも見られる。アメリカのY・ゴールドとR・A・ロスは、教職が陥りやすい孤立性を乗り越え、ストレスが強化されやすい現代状況に対処する最大の方策は、教師のサポートをどう作り上げていくかということに帰着する、と論じている[7]。また、イギリスのG・トローマンらもストレスは個人の心理的問題というよりも学校組織の在り方であるという観点から、ストレスの強い学校と弱い学校を事例比較調査し、前者では教員の孤立や相互不信が見られるのに対し、後者では相互信頼性に満ちたチームワークに現われる協働性を特徴とすると論じている[8]。こうしてストレスの対処法として教員の「協働性」が、今や世界の焦点となっている。そこで、この協働性についてさらに検討しよう。協働性にこだわるもう一つの理由は、第Ⅱ部で述べたように、いじめ問題が40年経ても解決できずに重大事態に陥るケースが後を絶たない原因として、教員の協働性の欠如を指摘できるからである。

4　学校の「協働文化」

２０００年代に入る頃から、日本の学校現場では教員の「同僚性」や「協働性」がしきりに強調されるようになった。日本では教員間で伝統的に「要は『教員（師）集団』の問題だ」とよく言われてきており、とりわけ１９８０年代に校内暴力で荒れた学校に陥ったときなどは、このスローガンを口にしながら学校再生を目指すことがどの学校にも見られた。この素朴なことばの意味は、教員がまとまって連携を強め、さまざまな壁を乗り越えながら実践を高めることが学校改善を実現していくうえでの力の源であるという教員自身による自己認識であった。

そうした伝統があるにもかかわらず、なぜ今になって学校教育界で「同僚性」や「協働性」がキーワードになるのだろうか。考えられる理由が三つある。一つは「教員集団」を常に口にするような教員文化をもつ世代が交代して、教員文化が変化しているのではないか。二つ目は多忙化が進行して、「教員集団」を口にする余裕さえなくなっているのではないか。三つ目は「教員集団」の組み方自体を立て直すべき時期に来ているのではないか、ということである。実は「協働性」や「同僚性」ということばが最初に強く主張されたのは、1980年代を通じた欧米での教師教育をめぐる議論のなかであった。そこで、まず海外での議論を整理し、その次になぜ日本で今叫ばれているのか、さらに海外と日本での違いはあるのだろうか、について考えてみたい。

(1) 海外の「協働性」

1980年代以降、イギリスやカナダ、オーストラリア、アメリカなど欧米の国々では、学校での「協働」の重要性が大きく論じられるようになった。その背景としては次の四点を指摘することができる[9]。

①1970年代後半以降の欧米では、大学や研究機関、教育委員会などが立案した改善モデルを学校が単に取り込むのではなくて、むしろ「勤務する学校現場の現実を基盤」(school-based)にして、それぞれの学校での取り組みを通して学校改善を図り、同時に教師の力量を高めて専門性発達を図ろうとする基本方策が打ち出された。この基本的な方向性のなかで、協働の関係や、協働関係に価値を置く学校運営様式としての「協働文化 collaborative culture」が注目されるようになったのである。

②欧米の学校では教師は個人主義的に仕事をする伝統があり、各教室内で孤立的に実践活動をおこなうのが日常的で、学校全体として共に働くという文化が乏しかった。そこで、学校改善や教師の専門性発達を共におこなう協働文化があえて強調されたのである。

③大きな学校教育改革政策が次々に打ち出されて、その政策を実行するために学校の協働が求められるという政治的な要請があったことも見落とせない。

④以上三つの背景にさらに圧力をかけるような要因として、アメリカとアジアの子どもたちとの学力比較調査で、思いがけず教師教育の方法の違いがあるとの知見を得たことがある。アメリカのH・W・スティーブンソンとJ・W・スティグラーが1970年代後半から1980年代にかけて、アメリカ（ミネアポリス）と日本（仙台）・台湾（台北）・中国（北京）の小学生の学力（数学と国語）の比較調査を積み重ねたところ、東アジアの子どもたちの学力の方がアメリカの子どもたちよりも高いことが分かった。そして、その背景を検討したところ、専門職としての教師の訓練法についての差異が浮かび上がった。すなわち、アメリカでは教師の訓練はほとんどすべて大学で個人に対しておこなわれるのに対し、日本や中国では、訓練は大学卒業後の職場の経験を通じて実施される。しかも、日本や中国では職員室で各自の机を持ち、授業の準備や答案の採点、授業技術について互いに議論するのに対し、アメリカでは、教師は自分の教室で孤立しており、同僚と仕事について話し合うことが難しく、アメリカの教師はお互いに経験を共有し合ったり、他の教師の授業での成功や失敗から学ぶための刺激が、アジアの教師より少ない事実が観察できた。つまり、日本や中国における高学力の背景には教師の質の高さがあり、教師の協働こそ教師の質を高める方策である、とアメリカの教師の孤立主

義が反省されるに至ったのである(10)。

こうして欧米で注目されるようになった協働性であるが、それには学校内での教員同士の協働と、学校と家庭・教育委員会・大学など外部の諸機関相互の協働という二つの側面がある。ただ、中心はやはり学校内教員の協働である。最近の日本で広く使われるようになった「同僚性」はその部分を指している。学校外の諸機関との協働については、次の「チーム学校」で触れたい。「同僚性」は、1980年代から90年代前半の教師教育に関する英語文献にたびたび登場する collegiality を佐藤学が簡潔に訳したものである。彼は日本の「学校を内側から変える最大の推移力は、教師たちが専門家として育ち連帯しあう同僚性の構築にある」として重視した(11)。私は欧米の事情を踏まえ、互いに孤立した教員ではなくて、同僚と共に働く教員集団によって成り立つのが学校現場であることを示す表現として「同僚教員間連携」と意訳している。

同僚教員間での連携から生まれる協働関係を踏まえ、ストレスに満ちた教師へのサポート体制が教師教育の手法としてもたびたび提起されてきた。たとえば、経験を積んだ教員が「良き指導者」(メンターmentor)となって未熟な教員が学んだり、「同僚教員同士による教え合い」(ピアコーチングpeer coaching)といった協働的活動である。それらは教員ストレスを軽減するストレス緩衝装置となりうる。

さて、藤田英典は社会集団が一般的にもつ基本的要素として四つの「きょうどう性」を挙げ、それらのありよう次第で、その集団が集団成員にとって親和的にもなれば、疎外的にもなると指摘している(12)。この指摘に従い、ここでは日本の教員集団の特徴を端的に示す三つの「きょうどう性」を整理したい。「共同」と「協同」そして「協働」である。これらは個々の学校組織にとって併存する三類型という場合もあろうが、学校組織の主な特徴原理が歴史の流れで少しずつ変化していると考えられるので、順番に挙げていこう。

（a）「共同 community」は、同質的な組織がとる集団主義に等しく、組織成員である教員の同調を重視して皆が同じような内容を同じように実践する行動様式である。個人主義的傾向の強い欧米の学校組織ではほとんど見られない。

（b）「協同 cooperation」は、何らかの諸問題について助け合いながら教員がそれぞれ追究していく行動様式である。各教員の自律性は守られるが、共に取り組まないといけない場合には協力態勢を構えるという特徴である。

（c）「協働 collaboration」は、共通する問題の解決のために、一緒に取り組む教員集団のメンバーとして、互いに他の意見を尊重しつつ討議しながら共通する方法を見出して、共に追究するという行動様式である。

さて、個人主義が根強い欧米の学校組織では（a）は考えられないとしても、できれば（b）を越えて（c）を目指したいという動きが1980年代を通じて強まった。ただし、（c）は理想としては理解できるが、規範的すぎて実際に実現するのは容易ではなく、とりわけ背景③のように学校教育改革という政治的意図を実現させるために「協働」が無理に要請されるとなれば、逆に教員への圧力となるという意見も出されてきた[13]。なぜなら、個人主義が文化の中核である欧米では、協働は指導の画一性を生じさせたり、独自の教育実践をおこないたい教師にとってはかえって拘束となり、ストレスを感じさせる危険性をもつからである。

したがって、協働を検討する際には、政治的な文脈も念頭に置きながら、協働とは何か、それは誰にとって利益をもたらすのかという基本が点検される必要がある。そうでないと、やみくもに理想的な協働を叫んでみても、子ども不在になったり、教師を抑圧したり、ただ政策遂行のためになったりするだろう。

(2) 日本の「協働性」

欧米と比較すると、日本社会の伝統的な文化は集団主義であり、この基本的文化は企業や他の組織の経営原理を貫いてきた。日本的経営と呼ばれる原理のなかに集団主義があり、個人の自己主張や相互の競争よりも、組織成員全員の協調や同調を重視し、皆と同じように行動するという行動様式が重視されてきた。この行動様式は、学級で一定の自律性をもつはずの学校教師にも同僚との調和を大切にする規範となってきた。この規範から(a)「共同」の学校組織原理が形成されたと言える。しかし、この原理は今や揺れ動いている。ただし、それに代わろうとする「協働」は、ことばが形式的に使われる傾向が強い。協働の原理による行動様式全体を「協働文化」と名づけるなら、この協働文化は未だ確立してはおらず、同僚教員間連携の在り方も実際には混乱し、今後に向けた協働文化を模索する過渡期にあると考えられる。その要因として次の三つを指摘できよう。

(1) 1970年代後半から日本全体に消費社会化が進行するとともに「プライバタイゼーション privatization」(私化)の流れが教師の世界にも浸透し、都市の若い世代を中心に私生活を重視する教師が出現している。先ほど掲げた表Ⅲ－３で、「（g）仕事よりも自分の生活や時間を大切にしたい」を肯定する回答は、校長19・５％、教頭37・０％であるのに対して、一般教員は58・７％と過半数を占めているのは、私生活にも軸足を置く新たな生活態度がすでに現われていることを物語る。したがって、かつて抱かれていたような、子どもの教育に一身を捧げる教職という「聖職者」イメージは過去のものというのが現実だと言えよう。こうした態度は「共同」原理を突き崩すと同時に、さらに「協働文化」よりもむしろ「個人主義」の方向を強化させる可能性がある。そしてその結果、教師の孤立化がもたらされ、さまざまに困難な教育問題を乗り越える教師の力量を弱める危険性が強まるかもしれない。

（２）脱中央集権化（decentralization）の性格をもつ学校教育改革が進む。そんなことはない、中央集権はますます強くなっている、と言われるかもしれない。たしかに文科省から新たな教育政策が次々と提起される状況を見ればそう映る。しかし、その教育内容については各学校が独自に工夫できる部分が多くなってきている。学習者中心（learner-centered）の指導法（総合的学習、アクティブ・ラーニングなど）を核としたカリキュラムや教育方法の多様化・柔軟化、さらには各学校独自のカリキュラム・マネジメントなど、近代日本の学校教育を支えてきた画一的な指導形態を揺るがせるような大変化であり、伝統的な指導形態（大規模クラスを対象とした一斉授業）に対応してきた教師の「共同」関係は、新しい指導形態とはミスマッチの関係にあり、その意義を失いつつある。そうした混乱のせいか、学校現場では総合的学習でもアクティブ・ラーニングでもそうであったように、文科省から一定の授業の型が与えられたように受け止めてしまい、新たな教育方法の原理が従来とどう異なるかの深い思考を素通りして、実際にはただ型通りになぞる傾向に流れてしまいやすい。

（3）前項で挙げた以外の学校教育改革も「協働文化」の形成を要請するものが多く、従来の伝統的な「共同」文化では対応できないものばかりである。たとえば、チームティーチングの導入、複数担任制、教員免許を持たない校長による学校運営、総合的学習や部活などを担当する学校外講師の導入、スクールカウンセラーやスクールソーシャルワーカーの配置、さらに児相や警察少年係などとの連携、地域住民参加による学校評議員会、など。ただ、新たな改革案の提起があまりにも急速なので、学校現場は個々の案件への対応に追われ、それらが共通して伴う「協働文化」という課題にまで配慮が行き届いていないのが現状である。

（3）日本の「協働文化」の諸問題

日本の学校では、教員の連帯や教員集団のまとまりが当然のこととして前提とされてきたように見える。しかし一歩立ち入ってみると、いくつかの問題点を指摘できる。

（1）日本の学校で教員が「協働文化」を持ちえているかどうか。たしかに「個人主義」は欧米と比べると少ないであろうが、大規模な中学・高校では教員の連携がきわめて弱く、バラバラであるような場合もないわけではない。荒れる学校の背後に、そうした切断された教員関係が存在することも、これまでにしばしば報告されてきたが[14]、それは一種の個人主義ないし孤立主義である。また、教員がいくつかの小グループに分かれて職員会議で張り合ったり、職場の人間関係で悩むような事態を引き起こしたりもする。もちろん他方では、教員組合活動や民間教育研究グループの活動のなかに教員の「協働文化」を見ることもできるが、それは勤務する学校全体とは別にある教師の自主的研究グループのなかの文化であって、全体としては少数派であり、しかも近年は教師の世代変化のなかで、その文化も目立たなくなっている。また、勤務する学校の場合に、学校改革に立ち上がった中堅教員グループが、管理職の支援を得てリーダーシップを発揮し、「協働文化」を広げることに成功したような場合もあるが[15]、それもまた数少ない例である。

（2）日本の教員が「協働文化」を明確に理解しえているかどうか。「共同体」のような同質的同調性が「協働性」であるかのように混同しておれば、教員を拘束するストレスになってしまう。そうではなくて、基本線での一致は求めても、細部の不一致については寛容な態度をもち、教員各人の独自性を尊重しつつ、互いの交流を通して得られる教員集団としての成長に期待するのが「協働」本来の意味であるはずである。

（3）同僚教員の授業を観察する目的や方法が明確に確立できているか。校内研修や公開研究会において、義務的におこなわれる授業参観もあるが、日本では自発的に提案授業がおこなわれ、同僚が参観して、後で全員で検討する方法が伝統的に定着している。これは協働文化の典型例として挙げられるものである。ただし、そうした授業参観が、互いの専門性発達のために体系的に観察する方法となりえているかどうかが問題である。授業技術や教材内容をそのまま借用するために少しだけのぞき見るようなことはないかどうか。現職教育が伝統的な徒弟制に似た訓練に止まるかぎり、「同僚教師による教え合い」や「良き指導者になること」も体系的な実践研究という性格を欠き、専門性を高める教師発達をもたらすことにはならない。

（4）同僚間連携が強制される場合はないか。教育実践の理想を掲げて、強力なリーダーシップを発揮する校長が同僚間連携を提起して、それが協働文化へと発展する事例もないわけではない[16]。しかし、たとえば研究校指定をこなすためだけに同僚間連携が策定されて、教師がストレスを被ったり、何よりもまず連携が必要とされるような学校の荒廃状況があるにもかかわらず、連携が策定もされず、ただ細かな校則だけに依存して「管理主義」的学校経営に陥っているような場合もしばしば見受けられてきた。

以上のように眺めてくると、日本の学校では、教員の連携やまとまりが当然のことのように前提とされてきたが、新たな「協働文化」についていっそう検討する余地がある。

（4）協働とリーダーシップ、フォロワーシップ

さて、教員間の協働として欧米で特に重要になるのは、校長と他の教員との関係である。欧米の学校の校長に与えられた自律性やリーダーシップは日本と比べるときわめて強い。ただ、大きな教育改革政策に囲まれると、校長一人で学校運営を推進することは難しく、同僚教員との協働が不可欠になる。イギリスのＪ・トローマンが論じるように、校長が教師専門職のリーダー役割として同僚教員間連携を強いると反発が返ってくることもあるから、より柔軟で上下関係でない真の協働文化を創り上げるような学校組織運営の役割が要請される[17]。

日本でも学校教育がさまざまな問題を抱え、それらの問題解決のために学校教育改革を推進するには、校長がリーダーシップをもつことが肝要であると主張されている。しかし、校長のリーダーシッ

プが唱えられるわりには、他方で見落とせない教員全体の協働については十分な議論がない。求められるリーダーシップは、単に校長の主義主張によって強力に部下の教員たちを引っ張っていくという側面だけでは実現せず、学校内の協働や学校外との協働を成立させるようなマネジメント能力の側面も含んでいる。

そこで、学校長自身の率直な声に耳を傾けよう。第I部3で、生徒指導の「目的」と「手段」に関する主張を紹介した公立中学校長の工藤勇一は、ユニークな中学校という評判を聞きつけて視察に来る人々がいつも「先生方との対立は起こらなかったのですか」「学校内外に敵はいなかったのですか」と質問されることに対して、次のように答えている。それは校長のリーダーシップの在り方を物語ってもいる。

私は……「みんな違って当たり前」「みんな違っていた方がいい」と思っています。そこには意見の相違があるのは当然ですから、そこで対話をして、最上位の目標に向けて合意形成をしていくことが大切だと思っています。……本校に校長として赴任した際、むしろ私は等身大の自分をさらけ出し、どんな考えの持ち主なのかを周囲に理解してもらうように努めました。そして「学校便り」「校長コラム」等を通じて、保護者や地域の方々に対しても、私自身がどのような人間なのか、どのような教育観を持っているのかを積極的に発信していきました。そうしているうちに、私の考えに賛同し、応援してくれる教員や保護者、地域の方々や、教育に関心を持ってくださる企業やNPO法人の方々などが増えていったという印象を持っています[18]。

この語りには学校マネジメントにとって重要な三つのポイントが含まれる。（ア）各教員は教育観や教職観、子ども観が違っていて当然で「学校組織内で意見が対立」する場合がおのずと出てくる。（イ）それをまとめていくには、「最上位の目標に向けた合意形成に向けた対話」が必要である。（ウ）合意形成に向けた対話にとっては、校長自身が「自分をさらけ出して自身の考えを表明」して皆に理解してもらうことが大切である。これら三つのポイントを校長のリーダーシップの観点から捉え直すと、校長という職務上の地位から自分の方針を部下に一方的に押し付けて強引に引っ張っていくというような、一般に抱かれやすいイメージとは異なることが分かる。

先ほどのトローマンによる二つの校長役割に照らして言うと、（A）教師専門職のリーダー役割に相当するのは（ウ）校長が自分をさらけ出して自分の考えを表明することであり、図Ⅰ－1「権力」関係と「権威」関係に従うなら、ⓑ人間性から来る権威の源と受け止めることができる。そして、（B）学校組織運営の執行責任者役割に相当するのが（ア）と（イ）であり、相違する意見をまとめていく対話である。さらに（A）と（B）との緊張関係を克服する方策として注目されるのが（イ）最上位の目標に向けた合意形成にほかならない。この対話を通じた合意形成から、無理やりに要請するような同僚教員間連携ではない本来の「協働性」がおのずと実現すると考えられるからである。

さらにこの協働性の実現には「フォロワーシップ followership」形成が並行していることに気づく。工藤校長もその形成を常に念頭に置いていたに違いない。フォロワーシップとは従者とかリーダーに従う資質という語意であるが、これまで校長のリーダーシップ（牽引役）は唱えられてもフォロワーシップ（それに従う役）はすっぽりと抜け落ちてきた。もちろん、一般的な組織マネジメント研究がフォロワーシップに注目するようになったのも１９９０年代以降にすぎないから、学校組織マネジメントに関する議論がリーダーシップに偏るのも仕方ないことではある。しかし、校長ないし教頭などの管理職はごく一部であり、ほとんどがフォロワーシップを担う一般教員であることを念頭に置けば、リーダーシップについてだけ議論することは間違った問題の立て方である。かつてその導入の動きが高まった民間人校長というのは、リーダーシップに注目した施策でフォロワーシップが見落とされていたから、成功例もあれば失敗例もあって、導入の大きな機運はその後は衰えている。

もっとも、組織のなかで少数のリーダーばかり注目されてきたことに対して、多数のフォロワーにも組織を支える力があるとして、部下のやる気とか補佐役の業績とかを挙げてフォロワー役割を単独に検討する議論もあるが、組織マネジメントとして重要なのは、あくまでリーダーシップとフォロワーシップの二つの役割の関係であり、その関係を抜きにして協働性を考えることはできない。フォロワーシップは、リーダーにただそのまま従うという立場ではない。リーダーの判断や提案に質問や意見を述べながら理解していくこと、そして諸課題の解決を担う組織の一員としての意識を高めながら、リーダーの牽引行動に共感して自分たちも参加していくという積極的な役目である。逆に言うと、リーダーシップとはフォロワーシップを作り出していく役割を意味する。工藤校長が企図したのも目標に向けた対話によってフォロワーシップを形成することにあったはずで、それでこそ学校改革が達成できるという確信を抱いていたに違いない。

そこで、同僚教員間連携や協働文化の在り方を左右するリーダーとフォロワーシップの関係を大雑把に整理すると、次の三つの可能性が考えられる[19]。（ａ）リーダーの意見にフォロワーすべてが従っていく。（ｂ）リーダーの意見にフォロワーの一部だけが従っていく。（ｃ）リーダーの意見にフォロワー全員が従わない。

（ａ）の場合はよほどの合意形成がなされる数少ない場合を除けば、無理すると歪みが出ることがあるかもしれない。（ｂ）の場合は一部のフォロワーの動きがフォロワー全体にいかに広がっていくのかが焦点となる。（ｃ）の場合はリーダーの意見の見直し、または提示の仕方の修正が求められ、あるいはリーダーによる同僚へのさらなるはたらきかけが焦点となろう。

（５）協働性の教師教育

リーダーシップとはフォロワーシップを作り出していく役割であると述べたように、リーダーに任せておけば自動的に協働性が育っていくわけではない。まずは教師教育段階で協働性を学ぶプログラムが織り込まれる必要がある。個人主義文化が強い欧米では１９９０年代から、そうした教師教育が取り組まれてきた。たとえば、イギリスのＰ・レイシーは、協働に向けた教師の研修について、現職研修段階での幅広い実践的な研究を展開している。この研修は、バーミンガム大学と英国学習障碍児研究所（ＢＩＬＤ）との協働の試みで、障碍児教育の現場での協働の研修である。一つは1年間３００時間のコースである。教師とセラピスト、ケア・スタッフ、看護婦といった異なる職業人が、同じ学習障碍児の教育にチームワークで当たる場合の協働について実際をおこない、その評価を検討した。研修内容は、①協働とは何であるかの講義となぜ必要かの討議。②実際にチームワークをおこなう。

共同の計画作成や記録作成、評価、チームワーク時間の捻出などの検討。③会議や会合での協働的人間関係を見ながら、どうすれば会合を効果あるものにできるかを検討する。④組織改革に対する抵抗のなかで、協働がどのように改革の実を上げられるかを検討する。年間コースの他に、一日コースについても実践的に研究されたが、受講生の評価では、「仕事での葛藤処理が以前よりもうまくできるようになった」など一定の成果が得られている[20]。

日本ではリーダーシップとフォロワーシップの役割関係や協働性に関する基本的知識や技術、態度などについて、教員養成や現職教育の段階で学ぶなどという発想はこれまでまったくなかったに等しい。教職の心構えや子どもの発達論、授業の教科内容や指導法、学級経営法などに関心が集中し、学校組織マネジメントについての問題関心が弱かったからである。そうしたなかで、校長をはじめ管理職のリーダーシップについては現職研修でテーマとして取り上げられるようにはなっているが、フォロワーの役割の重要性は未だ見落とされたままである。端的に言えば、教師の資質・能力向上は教師個人を対象に考えることが当然の前提とされてきた。その前提の背後には教職は「個業」という暗黙の発想法があると考えられる。クラス担任でも教科指導でも基本的には独りでおこなう仕事であることから、当然のようにイメージされてきたのであろう。「個業」ということばは辞書にはなく、記載されている「協業」に対する対照語としての造語である。そうすると、教職とは「協業」であるという基本的前提からスタートしなければ、現代の教員に要請される「協働文化」を理解することは難しい。

教師の資質・能力として先ほど挙げたような伝統的な諸要素は言うまでもなく、現在では「対人関係能力」が注目されるようになっている。その一つの契機として「指導が不適切な教員」（指導力不足教員）の実態を指摘することができる。全国の教育センター（総合教育センター、教育研修センター、教育研究所などの総称）で実施されている「指導改善研修」（「教育公務員特例法」第25条の2による）に関して、私の研究室が２００７年から０８年にかけて北海道から沖縄まで全15センターを訪問して実態調査をおこなった結果、指導力不足の深層部に「対人関係が円滑に運ばない」という特徴が共通して潜んでいるという思いがけない知見が得られた。全国各地のセンターで研修に当たる指導スタッフは口を合わせるかのように、「最初のうちは研修中に対話すら成立しない」と悩みを語っている。そうすると、指導力不足の具体例として挙げられる、よく分からない授業も、不適切な指導法も、保護者とのトラブルも、すべてこの対人関係能力不足から来ていると想定することができる(21)。

「対人関係専門職」としての教師にとっても、学校組織の協働文化にしても、リーダーシップとフォロワーシップにしても、多様な課題を背負った子どもたちを前にした授業づくりやクラスづくりにしても、保護者からのニーズにどう応えるかにしても、いずれもその根底にはコミュニケーションという基本問題が横たわっている。「要は『教員（師）集団』の問題だ」と叫ばれるときは、学校が何らかの危機状態に直面して動揺をきたしたときに同僚教員間でコミュニケーションをとらざるをえず、「協業」が目指されていると捉えられる。学校組織をめぐる諸変化が常態化している今日では、最初から「協業」としての教職という基本認識が必要である。

近年では、若者世代の対人関係能力が低下しているのではないかと評される。スマホ世代はメディア機器によっていとも簡単に誰とでもコミュニケーションをするといったイメージがあるが、肝心の対面関係による対人関係を苦手にしている場合がある。毎日頻繁にやりとりしているメールやＬＩＮＥにしても、若者ことばを使ったごく短い文言によるもので、対面関係による感情や意見、意思の交流について、その細かなひだまで含めて幅広く、深くやりとりできているわけではない。そのような若い世代に対して、「協働文化」の基礎をいかに培うことができるか、それは教員養成にとっても重要な課題である。たとえば、以下のような具体的活動を大学教育として実施してみるのも一つの方法であろう。核となるのはリーダーシップとフォロワーシップの関係づくりであり、その関係づくりを通じたコミュニケーションの訓練である。

最初に、対人関係能力ないしソーシャルスキル、コミュニケーション、学校マネジメント、リーダーシップとフォロワーシップ、協働文化などに関する一般的な知識や技術の講義をおこなう。次にグループ学習や、プロジェクト法、フィールドワークなどによる実際の集団活動などを通じて、リーダー役とフォロワー役を互いに交代しながら経験的に学ぶ。それこそ大学におけるアクティブ・ラーニングそのものであるが、アクティブの諸形態を取り入れることが目的ではなくて、それによってどれだけ協働文化の基礎能力を修得できるかが目標なのである。あるいは課外のクラブやサークル活動、大学祭の活動などを通じて、リーダーとフォロワーの二つの役目を共に実際に経験して、互いに振り返ってみることもきっと役立つはずである。こうした視点からの教職課程の教育はこれまで注目されていなかっただけに、「協業」としての教職を全面的に探求していくうえで重要な教師教育課題となるだろう。

以上のように、日本の協働性について学校組織内を対象にして述べてきたので、イギリスの現職研修事例で示されたような学校の外部との協働については、次の「チーム学校」を検討するなかで考えていくことにしよう。

【注】

（1）一般書として書かれた次の文献が啓発役割を果たした。H・セリエ『現代社会とストレス』原書改訂版（杉靖三郎・他訳）法政大学出版局、１９８８年（原著〔初版〕１９５６〔改訂版〕１９７６）。

（2）Kyriacou, C. & Sutcliffe, J., A Model of Teacher Stress, *Educational Studies*, 4, 1978.

（3）今津孝次郎『教師が育つ条件』岩波新書、２０１２年、6頁。

（4）今津孝次郎・田川隆博「教員ストレスと教員間連携」『名古屋大学大学院教育発達科学研究科紀要（教育科学）』第47巻第2号、２００１年。

（5）今津孝次郎・田川隆博「校長・教頭職のリーダーシップとストレス」『名古屋大学大学院教育発達科学研究科紀要（教育科学）』第50巻第1号、２００３年。

（6）宗像恒次・他『燃えつき症候群 ── 医師・看護婦・教師のメンタル・ヘルス』金剛出版、１９８８年。

（7）Gold, Y. & Roth, R. A., *Teachers Managing Stress and Preventing Burnout*, The Falmer Press, 1993.

（8）Troman, G. & Woods, P., *Primary Teachers' Stress*, RoutledgeFalmer, 2001.

（9）今津孝次郎『新版 変動社会の教師教育』名古屋大学出版会、２０１７年、第5章。

（10）H・W・スティブンソン、J・W・スティグラー『小学生の学力をめぐる国際比較研究 ── 日本・米国・台湾の子どもと親と教師』北村晴朗・木村進監訳、金子書房、１９９３年（原著１９９２）。

（11）佐藤学『学校の挑戦 ── 学びの共同体を創る』小学館、２００６年、２７６頁。

（12）藤田英典「共生空間としての学校」佐伯胖・藤田英典・佐藤学編『学び合う共同体』（シリーズ学びと文化⑥）、東京大学出版会、１９９６年。

（13）Hargreaves, A., *Changing Teachers, Changing Times*, Cassell, 1994. Bush, T., Collegial Models, in Harris, A., Bennet, N. and Preedy, M. [eds] *Organizational Effectiveness and Improvement in Education*, Open University Press, 1997.

（14）細井敏彦『校門の時計だけが知っている ── 私の「校門圧死事件」』草思社、１９９３年。

（15）久保島信保『ぼくたちの学校革命 ── 山梨県巨摩中学校の記録』中公新書、１９７５年。

（16）斉藤喜博編『教師が教師となるとき』国土社、１９７２年、伊藤功一『教師が変わる・授業が変わる　校内研修』国土社、１９９０年、など。

（17）Troman, J., Head Teachers, Collaborative School Cultures and School Improvement: A changing relationship? *Educational Action Research*, Vol.4, No.1., 1996.

（18）工藤勇一『学校の「当たり前」をやめた。 ── 生徒も教師も変わる！ 公立名門中学校長の改革』時事通信社、２０１８年、１４１〜１４２頁。

（19）今津孝次郎『新版　変動社会の教師教育』前出、２０１７年、１９９頁。

（20）Lacy, P., Training for Collaboration, *British Journal of Inservice Education*, Vol.22, No.1., 1996.

（21）今津孝次郎『教師が育つ条件』前出、75〜76頁。実態調査結果報告については、服部晃・今津孝次郎「『指導力不足教員』の現職教育 ── 全国教育センター調査を中心に」『名古屋大学大学院教育発達科学研究科紀要（教育科学）』第54巻第2号、２００８年3月。

3 「チーム学校」の光と影

1 教育政策としての「チーム学校」

「チーム（としての）学校」という用語が本格的に提示されて教育界で広く使われる端緒となったのは、中教審答申A「チームとしての学校の在り方と今後の改善方策について」（2015年12月）である。最初にA答申が発表されるまでの経緯を振り返っておこう（答申等の記号付けは引用者による）。

（1）A答申は文科大臣からの諮問「これからの学校教育を担う教職員やチームとしての学校の在り方について」（2014年7月）を受けて、中教審初等中等教育分科会に作業部会が設置され、同年11月に第1回が開催された後、約1年5ヵ月の作業を終えて提出されたものだが、その間に二つの文書が発表された。一つは諮問から約10ヵ月後に早くも出された自民党「教育再生実行本部」によるAa「第四次提言・チーム学校部会」（2015年5月）であり、もう一つはそれから2ヵ月遅れて報告された中教審答申Ab〈中間まとめ〉「チームとしての学校の在り方と今後の改善方策について」（2015年7月）である。この〈中間まとめ〉から約5ヵ月後に最終答申に至った。

そこで注目したいのは、〈中間まとめ〉よりも早くに出されたAa提言が教育基本政策の策定に及ぼす影響力である。「教育再生実行本部」は経済再生と教育再生を掲げる安倍政権の直属機関で、「教育再生会議」に続く「教育再生実行会議」の下で、英語教育やICT教育、大学入試改革、グローバル人材育成などについて提言の取りまとめをおこない、2014年11月からは「チーム学校」「高等教育」「特別支援教育」の三部会を設置して集中的に検討している。中教審に先んじて現代的な教育課題について大胆とも言える提言を繰り返してきたこと、そしてそれらの諸テーマを一瞥するだけでも、同本部が教育政策を主導している仕組みを眺めることができる。従来は中教審によって導かれてきた教育政策の基本方針策定が、安倍政権では官邸主導でおこなわれている性格が如実に現われている。

たしかに、「教育再生実行本部」は最先端の教育諸問題をいち早く捉えて、てきぱきと政策化する速度はきわめて速い。しかし、速さゆえに論点を見落としたり、歪めたり、別方向に進めていったりといった問題もはらんでいる点に注意を払うべきであろう。その「チーム学校部会」Aa提言の結論は以下の三つである[1]。①学校教育にとって、優秀な教員人材を確保しつつ、他に多様な人材（スクールカウンセラー、スクールソーシャルワーカー、部活動指導員、学校司書、ICT指導員等）が積極的に参画し、それぞれが専門性を十分に発揮する。②学校と地域が連携・協働して、「地域連携指導員」を法制化するなどして「チーム学校」を形成する。③校長の権限を拡大してリーダーシップを強化し、主幹教諭の職務内容を明確化するとともに全校に配置する。

（2）これら三点の主張は、中教審答申Ab〈中間まとめ〉にも、最終A答申にも主要な柱立てとして継承されている。そのことは、二つの中教審文書に同じ文章が枠付きで強調されている「チーム学校」の定義を見ても分かることである。

『チームとしての学校』像　校長のリーダーシップの下、カリキュラム、日々の教育活動、学校の資源が一体的にマネジメントされ、教職員や学校内の多様な人材が、それぞれの専門性を生かして能力を発揮し、子供たちに必要な資質・能力を確実に身に付けさせることができる学校」(2)。

「チーム学校」という用語を耳にすると、職務があまりにも広がるとともに過重労働がピークに達し、心身失調に陥るケースが多い教員にとって、多忙化問題の解決策になりうるアイディアとして心地よく響く語感がある。しかし、「チーム学校部会」Aa提言によれば、そうした問題解決の側面よりも、従来から学校教育政策として打ち出されてきた諸政策の延長上にあって、変化が激しい現代社会での「学校マネジメント」に関する総合政策を完成させるという側面の方が強いことに気づく。これに対して、中教審の二文書ではそうした側面に力点を置きながらも、「子供と向き合う時間の確保等のための体制整備」にも配慮が払われてはいる。

（3）A答申の冒頭では「『チームとしての学校』が求められる背景」を取り上げているが、その大半は「アクティブ・ラーニングの視点」を踏まえた授業改善、「カリキュラム・マネジメント」による学校組織運営、「コミュニティ・スクール」（学校運営協議会制度）等を通した地域との連携、校長のリーダーシップによる学校マネジメントの強化の説明に割かれている。そして残りの短い部分で、国際比較調査から見ると日本の教員の業務内容が幅広すぎて、労働時間も長いので、心理や福祉等の専門家や専門機関と連携・分担する体制の整備が重要である、とわずかに触れられている(3)。

つまり、以上の提言や答申を見る限り、「チーム学校」論とは、負担が多すぎる教員の業務について本来の授業を核とした教育指導に集中するために、教員をサポートする他の専門家・機関との連携・協働化を図るという目的は一部でしかなく、全体としては「カリキュラム・マネジメント」に代表されるような新学習指導要領を円滑に運ぶための学校マネジメントの総合的な効率化が主要な目的である、と言ってよい。前者を「チーム学校」の「狭義」とすると、後者は「広義」として区別できる。「狭義」は教員の多忙化を解決する側面に力点を置いているとすれば、「広義」は「狭義」の側面も含みながらも、1990年代から学校組織運営体制改革として進められてきている学校運営全体の効率的強化（1995年度から始まった「スクールカウンセラー事業」、2008年学校教育法改正による「副校長」「主幹教諭」「指導教諭」、あるいは2008年度より始まった「スクールソーシャルワーカー事業」など）に向けた総合的改革の完成を対象にしていると整理できる。そこで「広義」に注目するなら、A答申だけに目を奪われずに、同時期に出された他の答申群にも目を向ける必要がある。

2　教育言説の視点から「チーム学校」を読み解く

A答申はそれ自体で独立しているというよりも、同じく2015年12月に出された他の二つの中教審答申とセットになっている。すなわちB答申「これからの学校教育を担う教員の資質能力の向上について―― 学び合い、高め合う教員育成コミュニティの構築に向けて」と、C答申「新しい時代の教育や地方創出の実現に向けた学校と地域の連携・協働の在り方と今後の推進方策について」である。

B答申は教員の「養成」「採用」「研修」の一体化を示すもので、戦後「教員育成」制度改革の総決算とでも言うべき内容であるが(4)、その核心は「教育再生実行本部」によるAa提言の①優秀な教員人材、と関わっている。C答申は「コミュニティ・スクール」を中心に、学校が地域と連携する重要性について詳述したもので、Aa提言では②学校と地域が連携・協働するという主張と関わっている。

そこでA〜Cの三答申全体を眺めると、「チーム学校」とは教員が目指すべき学校組織成員の取り組みの基本を表わすものであり、これからの教員養成の重要なテーマとして、伝統的な学校とは違う幅広い組織の構図と、学校マネジメントの新たな方向性を提示している。さらに追加するなら、教職課程再課程認定用の「コアカリキュラム」(2017年6月提示)では、「教育の基礎的理解に関する科目」で「教職の意義及び教員の役割・職務内容(チーム学校運営への対応を含む)」が挙げられ、カッコ内にチーム学校運営がごく当然のように記載されている。それだけ教員養成にとってチーム学校運営が新学習指導要領の下で「カリキュラム・マネジメント」と並行して習得すべき重要な事項になっていることが分かる。つまり「チーム学校」の趣旨は、実は学校マネジメントの総合政策という「広義」が中心なのである。

以上、中教審答申等に描かれた「チーム学校」の意味内容が整理できたので、このキーワードを教育言説として捉え直して相対化し、批判的に考察してみたい。すでに論じたように、教育言説に対しては相対化の作業が不可欠である。ことばが創出されるに至った背景の探索、ポリティクス(力関係)の磁場の解明、ことばの意味の解析、そしてそのことばに対抗しうる新たなことばの模索、である。

こうした相対化の作業は、その言説そのものを頭から否定するものではない。さまざまな角度から吟味して「光」と「影」の部分を選り分けて明らかにすることである。「光」とは、学校問題の解決に効果的だと判断される場合を指し、「影」とは効果的でない、または新たな問題を引き起こしかねない場合を意味する。そして「影」の部分に注意を払いながら「光」の部分を膨らませていく作業が相対化であり、ポリティクスの磁場のなかで政策や管理によって統制や抑圧を受けにくいように対応することが、学校現場で実践に携わる教師が自らエンパワーメントする手立てになると考える。そこで、相対化の作業として、「チーム学校」提起の理由・目的、そしてスタッフ対象とチームの組み方の方法の視点から分析していこう。

(1)「チーム学校」提起の理由と目的

なぜ「チーム学校」が提起されたのか。すでに触れた通り、A答申の冒頭での「狭義」に沿った背景の説明が提起の理由になる。その説明では、教員勤務実態調査で、1ヵ月当たりの残業時間が1966(昭和41)年度は約8時間であったのが、2006(平成18)年度には約42時間に増え、40年間で5倍にもなっていることが示される。生徒指導や学校経営に係る業務や事務的な業務が増加したためと記される。また、OECD国際教員指導環境調査(2014年)結果も引用され、日本の教員の1週間当たりの勤務時間は参加国中最長で、課外活動の指導時間が長く、事務業務の時間が長いためと指摘される。こうした歪んだ勤務実態を解決するために、学校マネジメントを強化し、種々の専門家や専門機関と連携・分担する体制を整備するなかで「子供と向き合う時間の確保」をすることが

「チーム学校」を発想する理由であり、その目的は短く次のように述べられる。「教職員一人ひとりが、自らの専門性を発揮するとともに、専門スタッフの参画を得て、課題の解決に求められる専門性や経験を補い、子供たちの教育活動を充実していくこと」(5)。

さらに、「教員の業務の見直し」の観点から、教員の本来的な業務は「学習指導、生徒指導、進路指導、学校行事、授業準備、教材研究、学年・学級経営、公務分掌や校内委員会等に係る事務、教務事務(学習評価等)」を挙げたうえで、その他の業務については専門スタッフ等との連携が不可欠であると述べられ、その連携の在り方が以下のように論じられる。

…専門スタッフの参画は、学校において単なる業務の切り分けや代替を進めるものではなく、教員が専門スタッフの力を借りて、子供たちへの指導を充実するために行うものである。言い換えれば、教員が専門スタッフに業務を完全にバトンタッチするのでなく、両者がコラボレーションし、より良い成果を生み出すために行うものである(6)。

ここで主張されているように「業務の切り分けや代替」ではなく「両者がコラボレーション」するというのは、ことばでは理解できても、学校現場で実行していくのは至難のわざであろう。伝統的な学校体制にはなかった新たなマネジメントの要請だからである。せっかく専門家・専門機関と協力しようとしても「連携・分担」が「分離・分散」に陥ってしまい、結局は単なる「代替」に流れたり、多忙化問題を解決できるどころか、連携に伴う別の問題が生じるといった状況が危惧されるからである。

「チーム学校」の「狭義」目的は誰もが賛同するだろうし、早急に着手すべき「光」の部分として評価できる。ただし、「広義」目的にまで広げると、学校マネジメントの総合的実施には新たな困難性も予想され、そこに「影」が生じうる。

(2)「チーム学校」のスタッフ対象

教員と連携して「チーム学校」を構成する他の専門的人材については、「教育再生実行本部」のAa提言で挙げられたものがほとんどそのままA答申に記載されている。ただしA答申での加筆修正で言えば、「特別支援教育に関する専門スタッフ」が具体的で詳細な説明になっていること、そしてAa提言では「司法対応」として弁護士や医師、警察官OB等の専門家で構成される「外部専門家チーム」が提言されていたものが、A答申では人材グループとして挙げるのではなく、改善方策として「国、教育委員会は、警察や弁護士会等の関係機関、関係団体と連携し、教職員を対象とした研修において、実例等に基づき、不当な要望等への対応についての研修を実施する」[7]と、研修計画を示すに止まっている、などである。これら二文書をまとめると、Aa提言ではもっぱら新たな人材を導入して法制化の課題を提案する基本アイディアを示し、A答申ではそれを踏まえながらも、実現可能性を加味しながら学校現場の実践に即して、新たな人材や役割を見直す具体的計画を進める文書となっている。

学校教育は教員とその役割の観点からのみ論じられるのが従来の通例であったが、これらの文書によって、学校内の脇役扱いであった人材や新たな外部人材とその役割を見つめ直す契機となることは

「光」である。ただし、次に述べるように、それが教員増または教員削減の縮小化を抑制する機能を果たすとなれば「影」となる。

それでは、A答申が挙げたものを仮に「a 学校内配置役割」と「b 学校外人材活用で学校内・外を繋ぐ役割」とに大別して整理してみる。具体的な「人材」というよりも「チーム学校」を構成する「役割」と捉えた方が的確だと考えるからである。列挙されたものは、すでに決められた役割として活動しているケースもあれば、今後の改善方策として法令上明確化すべき役割も含まれる。

a 学校内配置役割　スクールカウンセラー、学校司書、ICT支援員、ALT（外国語指導助手）、部活動指導員、地域連携担当教職員（仮称）、事務職員。

b 学校外人材活用で学校内・外を繋ぐ役割　スクールソーシャルワーカー、特別支援教育に関する専門スタッフ（看護師、特別支援教育支援員、言語聴覚士、作業療法士、理学療法士等、就職支援コーディネーター等）。

以上挙げた人材ないし役割をめぐって、「狭義」と「広義」の目的の観点から指摘したいことが三つある。

①「チーム学校」の「狭義」目的からすれば、教員増を図るのが当然の措置であるし、それが文科省をはじめ教育界全体の強い要望でもある。ところが、多額の国費を使う教員給与総額を減らしたい財務省と、多様な子どもたちを擁する学校現場でクラスサイズを小さくして教員を増やしてきめ細やかな教育をおこないたい文科省や教員組合、それを支援するPTA連合会などとの綱引きが続いている。そうした状況下で、もしも「チーム学校」が教員増の代替策を密かに果たすとしたら、それは

「狭義」目的に沿った問題解決にはなりえない。

②他方、「広義」目的に沿いながら学校現場に密着した総合マネジメントを検討するなら、教員内部の地位・役割の分化に改めて注目する必要がある。すなわち、校長・教頭・教務主任・校務主任・主幹教諭、指導教諭、養護教諭、栄養教諭の役割分担である。A答申では主幹教諭や指導教諭に関する説明が詳しいが、それは学校組織の指揮命令系統の観点から重視するからだろう。しかし「子供たちの教育活動を充実していく」ことが最終目的だとすれば、たとえば養護教諭の役割にもっと焦点が当てられてよい。そこで、一例として養護教諭にこだわってみよう。

A答申では、養護教諭とスクールカウンセラーやスクールソーシャルワーカーとの協働、さらには生徒指導上の役割に言及されているが、保健室の養護教諭の位置づけの説明は十分ではない。養護教諭は子どもを評価する役割が与えられていないだけに、子どもたちは自由に話しかけてくるし、心身不調の訴えを契機に子どもの生活全体の様子を理解することができる。不登校の回復過程で保健室登校が日常的になっている現在、子ども理解と生徒指導にとって、スクールカウンセラー以上に、クラス担任の教員に重要な存在である。それに、養護教諭は全学年の保護者と気軽な関係が生まれやすいし、学校外部の医療関係者などとの連携を通じて、広く地域社会と関わる点では幅広い役割を果たしている。

③「狭義」「広義」目的の双方に関わるものとしてaで整理した「地域連携担当教職員」にも触れておこう。A答申の「改善方策」では以下のようにまとめられている。

国は、地域の力を生かした学校教育の充実や学校全体の負担軽減、マネジメント力の向上を図るため、学校内において地域との連携・協働の推進の中核を担う教職員を地域連携担当教職員（仮称）として法令上明確化することを検討する[8]。

この提案は、開かれた学校、地域から学び地域が支える学校として、誰もが賛成する基本コンセプトだと言え、それこそ「光」がさらに鮮明になる役割である。ただし「地域連携」には学校が位置する地域の関係諸機関がもっぱら念頭に置かれているようだが、重要な学校外の専門家が抜け落ちている。それは学校改善にとって協働関係が可能な大学研究者である。Aa提言もA答申もまったく念頭にないようであるが、とりわけ学校が困難な危機状態に陥ったときに問題解決のサポート役を果たした大学研究者は全国でこれまで何人も存在してきた。それだけに、地域連携担当教職員は、仮に学校から遠方にあるとしても大学や研究機関と連携する役割を果たすことを見落としてはならないだろう。

そこで、養護教諭と大学研究者とが連携し、学校長がリーダーシップを発揮した格好の事例を次に紹介したい。「チーム学校」の組み方が興味深く、「光」をさらに輝かせるには啓発されることが多く含まれているからである。

(3) 「チーム学校」のスタッフとチームの組み方に関する事例

かつての荒れた状態は落ち着きを取り戻しているとはいえ、生徒の学習意欲がなく成績が悪い九州のT中学校が舞台である。京大大学院医学研究科で社会疫学を教える木原雅子准教授を、学校長が懇願して学校アドバイザー役として招き、授業実践を繰り返してもらうなかで学校改善が実現した事例である[9]。校長が木原准教授と連携をとることができたのは、同校の養護教諭が「どう生きるかを考える人間教育」(「ＷＹＳＨウィッシュ教育」)活動で木原准教授と繋がりがあり、以前から講演依頼を繰り返し、校長に推薦したからである。

「ＷＹＳＨ教育」は２００２年からエイズ教育を目的として、教科学習では取り上げない「性」の問題をはじめ、「キャリア」などについて生徒自身に問いかけ、生き方を考える授業を全国でおこなってきた。その「ＷＹＳＨ教育」をＴ中学校2年生に応用するなかで、養護教諭や学年主任を中心にクラス担任がまとまり(〝チームＴ〟と呼ばれる)、生徒のあらゆる情報を集めて「現場検証」がなされていくと、生徒の学習意欲の弱さの背後にある思いがけない特徴が浮かび上がった。生徒のニーズを教師が理解できておらず、教師中心に進められる授業や教師‐生徒関係の硬直性などがそれである。つまり、教科学習そのものの改善というよりも、授業の前提条件として「人間教育」の原理を生かした学習環境を創り出す教育プログラムを設計することの重要性に、担任教師たちは気づかされていった。朝夕の補習時間のスタイルも見直された2年間ほどの取り組みの結果、クラスの雰囲気が明るくなった、遅刻が減った、保健室来室者数が減った、県下一斉テストの成績が向上した、などの成果が生まれた。

この事例で興味深いのは、養護教諭の発案を受けた校長がリーダーシップを発揮して、外部の大学研究者を招いて「ＷＹＳＨ教育」という独特の考え方を導入し、学年団がチームを成して、日頃の生徒指導と教科学習に取り組んだ結果、「教育活動を充実」することができた、という「チーム学校」

の組み方である。A答申やAa提言では、「チーム学校」スタッフの説明は詳しくても、チームの組み方については「連携・協働」「体制強化」「マネジメント」といったことばで済まされているだけであり、この事例にあるようなチームの組み方までは示していないだけに、注目すべき事例である。

3 「チーム学校」の可能性

さて、「チーム学校」の組み方については、「連携・協働」の仕組みを解明する必要がある。新たな人材や役割が加わることで問題を解決する力になるか、それとも現場に混乱をもたらすことになるか、その分岐点にいかなる要因がはたらくのかという問題である。そこで同僚教員間連携と協働文化、さらには地域と学校の観点から、五つの課題を指摘したい。

①同僚教員間に相互の開放性と信頼性、支援性をもたらす協働体制を学校組織文化のなかに構築すること。この基本的な協働体制が構築できなければ、いくら「チーム学校」を唱えても基盤が整っていないだけに、その実現は難しいだろう。要するに、政策的に提示されるA答申等の文言からスタートするのではなく、各勤務学校での組織文化を正面から見据えて、いかなる問題を抱えているのかを探索し、その問題解決にとっていかなる「チーム学校」が要請されているのかというように、あくまで学校現場のレベルから議論を展開し、実践を積み上げていくことである[10]。

②すでに指摘してきたように、学校マネジメント論ではいつも「リーダーシップ」が主張される。ただし、少数であるリーダーの判断や提案が職場に理解され受け入れられて、他の大勢の同僚教員が

それに「従う役割」としての「フォロワーシップ」が不可欠である。リーダーシップとフォロワーシップ両者の関係について正面から取り組まなければ、「チーム学校」は円滑に運ばないだろう。

③同僚教員間連携を教員同士だけでなく、教員とICT支援員やスクールソーシャルワーカー、部活指導者など、外部の専門家との間にまで広げて取り結ぶことができるかどうか。それができなければ、情報教育をはじめ、生徒指導や部活指導が他人まかせに流れてしまい、統一的な学校活動全体の「役割分担」というよりも「役割分散」に陥ってしまう恐れがある。

④すでに過疎化に苦しむ自治体では、地域振興にとって必要な「地域の特色を活かした教育」の支援と実践を担う職員「コーディネーター」を地元高校に配置して、地域全体から高校存置を見据えつつ「チーム学校」づくりをおこなっている先進事例がある。A答申で提案された「地域連携担当教職員」とは異なる形態の「コーディネーター」役を前面に出し、地域と学校現場が目の前に立ちはだかる厳しい問題の解決のために構成する「チーム学校」の組み方である。それは単なる学校改善を越えた、地域づくりの取り組みにほかならない[11]。

⑤同僚教員間連携やリーダー役とフォロワー役、そして協働文化の基礎は、現職教育段階は言うまでもなく、大学での教員養成段階から準備しておく必要がある。スマホやSNSを通じたメディア・コミュニケーションに慣れてしまっているせいか、対面的対人関係を円滑に運ぶスキルが弱くなっていると言われる若い世代を対象に、対人関係能力の育成を教員養成段階でいかにおこなうかがもっと注目されてよい。さらに、大学が地域と連携して目の前の課題と取り組むフィールドワークを推進することである。

以上のように、「チーム学校」はことばとしては軽やかであるが、さまざまな問題や課題を内包している。それら一つひとつに正面から向き合って「光」と「影」を見分けながら、「影」の部分を少しでも解消していけば、「光」はさらに明るくなっていくであろう。

【注】

（1）教育再生実行本部「第四次提言・チーム学校部会」自民党、2015年5月。
（2）中教審「チームとしての学校の在り方と今後の改善方策について」〈中間まとめ〉2015年7月、6頁、〈最終答申〉2015年12月、12頁。
（3）中教審答申「チームとしての学校の在り方と今後の改善方策について」2015年12月、3頁。
（4）「教員育成」とは教員養成と現職研修を合わせた文科省の用語で、世界的に通用する「teacher education 教師教育」に相当する。養成段階から研修段階まで一貫した教師個人の生涯発達過程（しかも世界的には常に大学が果たす役割が大きい）を軸にする「教師教育」に対して、教員養成を主管する文科省と現職研修を主管する各教育委員会という制度上の区別を意識してか、文科省は「教師教育」という用語を使わない。
（5）中教審答申「チームとしての学校の在り方と今後の改善方策について」（前出）、3頁。
（6）同答申、25頁。
（7）同答申、65頁。
（8）同答申、45頁。
（9）木原雅子『あの学校が生まれ変わった驚きの授業――T中学校652日物語』ミネルヴァ書房、2017年。
（10）すでに2010年代初頭から「情報（活用）教育」に挑戦する東海地域の公立中学校では、自治体の援助も得ながら、大学研究者やICT支援員も含めたチームを構築して、授業実践の大きな成果を産み出している先進事例がある。情報教育を専門とする研究者が前面に出て教師に押しつけるような組み方は取らないという基本方針は傾聴に値する（長谷川元洋監修・著、松阪市立三雲中学校編著『無理なくできる学校のＩＣＴ活用』学事出版、２０１６年）。

(11) 樋田大二郎・樋田有一郎『人口減少社会と高校魅力化プロジェクト――地域人材育成の教育社会学』明石書店、２０１８年、第３章。

結　教育言説とエンパワーメント

第Ⅰ部3で、体罰問題と教師について論じるなかでエンパワーメントについて以下のように触れた。

専門職としての教師が自らの力を発揮するには、タブー視するのではなく、体罰問題に正面から向き合って、これまでの問題の立て方や議論の仕方を見直し、教師集団が「協業」としての教職を再構築する取り組みに向かったら、必ずや自らの内なる力を発揮できるはずである。「体罰ということばを使わないで、各学校で『規律と戒め』について自由に議論する」という提案の趣旨は、実は「教師のエンパワーメント」が最終目標なのであって、体罰問題に限った部分的方策を提案しているのではない。

また第Ⅲ部3では、「チーム学校」の光と影について論じるなかで、エンパワーメントについて以下のように述べた。

「影」の部分に注意を払いながら「光」の部分を膨らませていく作業が相対化であり、ポリティクスの磁場のなかで政策や管理によって統制や抑圧を受けにくいように対応することが、学校現場で実践に携わる教師が自らエンパワーメントする手立てになると考える。

「エンパワーメント empowerment」とは、権限や能力を与えること、平たく言うと力を付与することである。ただし、それは外部から力づけるというよりも、教師や学校組織がもともと保持している内部の力が何らかの障壁に囲まれて現出することができないので、その障壁を取り除けば、おのずと自らの能力を発揮する、というのが本来の仕組みであると考えたい。ここで見落とされやすい一つの障壁として挙げられるのが、教育言説である。この仕組みは、教師にとってだけでなく、子どもに向き合う保護者や地域の人々を含めた大人すべてに当てはまると言ってよい。そこで、教育言説の特徴とそのはたらきについて振り返りつつ、教育言説の視点から社会問題化する教育のさまざまな課題について検討すると、どのようにエンパワーメントが得られるかについてまとめて述べていこう。

教育言説の特徴を要約すると、①ことばの意味が曖昧で多義的な使われ方をする。②価値判断と目標を含んでいて、現実の実態を示す以上に、あるべき姿を語る側面が大きい。③人々が何らかの魅惑を感じるあまりに吟味することなく、そのことばと用法を当然の前提として受け入れてしまうことで呪縛され、ことばは聖性を帯びてくる。④多くの人々がそのことばを使って議論するが、ことばのそうした独特の性質から議論は錯綜して混乱をきたし空転することになる。

このように、曖昧なことばとその用法を当然の前提として議論に加われば、大人たち、とりわけ教師や保護者は右往左往しがちである。そこで教育問題を本当に解決するなら、ことばを相対化して、その語源から歴史的な歩みに至るまでの経緯を細かく知って、問題の立て方を問い直し、何が「幹」で何が「枝葉」であるかを選り分け、外部から与えられることばをそのまま受け入れるのではなくて、ことばを自分のものとして新たな意味付けや用法、さらには別のことばを創り出すことが重要な課題となる。一定のことばがいつのまにか帯びてくる聖性を払拭することだと言ってもよい。つまり、周囲のことばに振り回された結果、平板でありきたりの発想法に陥って無力化されていくことを回避し、自らのことばを獲得することがエンパワーメントする手立てになるはずである。強力な教育言説に対する対抗言説として、ときには対抗言説をも相対化するものとして、あるいは言説の聖性を少しでも弱体化するようなささやかな教育言説として、さまざまな議論を新たに提起することである。

具体的な事例に沿って再度説明しよう。最後にやはり「いじめ」問題を取り上げる。

①曖昧性と多義的用法。昔から続く子どもの「習俗」としてのいじめ行為と、エスカレートしやすい学校いじめが混在して対象にされているだけに人々のいじめのイメージが同一でなく、いじめの捉え方と対処行動が多様であり、議論は混乱し錯綜する。「いじめ防止法」の定義により、被害者の「内面」が受ける「身体的・精神的苦痛」が中核となるのに、「外面」に見られるいじめ行為にしか注目しない認識の違いが、立法化から数年経った今でもなお存在する。ことばの曖昧性ゆえに多くの人々が自分なりの解釈で自分の意見を表明して、教育に関する世論は盛り上がるが、それに輪をかけるのが問題の表面をなぞることの多いマスメディアによるいじめ関連報道である。

②実態と価値判断。言うまでもなく「いじめは悪」であり、克服して相手の立場をおもんばかる態度を身に付けさせて、安全な学校を保持するのが教育に携わる者の責務である。しかし、青年前期の

子どもたちは発達段階の特徴からいじめ行為に走りやすい。しかも加害者はいじめているという加害意識は希薄であり、被害者は被害の心情を簡単に表には出さない。それゆえ、「いじめ」という文言で実態を探ろうとしてもあまり効力は得られない。アンケートで「いじめられたことがありますか」などと子どもたちにストレートに質問することがあるが、ことばに絡め取られただけの上滑りの聞き方では、その回答は問題解決の基礎資料にはなりにくい。一見すると客観的な証拠書類のように映るアンケート結果よりもむしろ、実践者の専門的技能としての「感性」を職場教員全員で突き合わせる方がいじめの真実に肉薄できるだろう。それに真の実態を把握するには、青年前期の発達的特徴を理解し、「習俗」としてのいじめの歴史を念頭に置かないと、価値判断の先行を許してしまい、組織の自己防衛本能もあって、事実の歪曲や隠蔽に陥りやすい。いじめの有無や「重大事態」を認定するかどうかで、学校や教育委員会が二転三転するようなぶざまな姿が繰り返されているのも教師の実践的な基本姿勢が問われていることを物語る。

③当然の前提。「どの学校にもいじめがある」と言われるようになった。しかし、それは問題を学校の責任という認識枠に押し込めてしまい、学校を追い詰めることになる。そうすると学校はつい逃げの姿勢をとりがちになり、結果としての隠蔽に至る。そうではなくて、これに取って代わって、いじめを子どもの発達上の避けられない特徴的逸脱行動の一つとして、教師も保護者も大人全員が理解することが議論の前提となる必要がある。「青年前期の子どもはいじめに走りやすい」という文言が適切である。

④議論の拡散。「いじめ防止法」が成立したにもかかわらず、問題解決された部分がある一方で、

「重大事態」がなお解決できずに混乱している部分がある。①〜③のような基本的発想法に落し穴を抱えている限り、いじめ論議は今後も錯綜し、空転しながら拡散していくのではないか。そうであるなら、むしろ平仮名三文字「いじめ」を使用せずに、法のいじめ定義を生かして「辛く苦しく耐え難い思いをしている子」を用いた方が、表面的なことばに絡め取られずに、問題解決に一歩でも近づくように思われる。もちろん、その文言ではいじめ問題だけでなく、不登校や学業不振、進路問題も含まれるが、大人全員が子どもに「寄り添う」基本姿勢を常に確認できる表現となりうる。

以上のように、教育を語ることばには独特の特徴があり、それを十分に心得てことばを常に吟味して相対化しながら、子どもをめぐる状況をその深くまで解明して理解する必要がある。そのためには教師が保護者や地域の人々と協働関係を築き、互いに各自のことばを突き合わせて検討し合わなければ、状況の把握と問題解決の方向性を見出すことはできないだろう。そうしたことばを通じたコミュニケーションによって、大人全員のエンパワーメントを少しでも実現できるはずである。

あとがき

1991年秋から名古屋地域の大学に勤める教育学や教育社会学の研究仲間約10人と共に「教育言説研究会」を約5年間続けるうちに、教育を語ることばの批判的検討という姿勢が私の身体に沁み込んでしまった。以来20年以上にわたって、教育問題を論じる際には「問い方を問う」ことから始まり、気軽に繰り返し使われる用語が果たして適切であるかどうかにこだわりながら「論じ方を論じる」に至るまで、教育言説論的視点が常に念頭にあった。当時の研究仲間との熱っぽい討議がなければ、本書は産まれなかった。仲間たちに改めて感謝したい。

本書は私なりの教育言説論の視点から、そのつど綴ってきた論考に部分的省略や大幅な加筆による修正を施し、さらに書き下ろしを加えて全面的に構成し直したものである。構成し直したのは、新たな情報を積極的に取り入れつつ、同時に本書全体の論旨のまとまりをつけたかったからである。三部に分けた各部扉の裏に要約を記したのも、全体の流れを少しでも把握していただくためである。このように、本書は1997年から2018年までの間に発表した諸論考をベースとしている。初出原稿をどのように扱ったかについては巻末の初出一覧に記した。

実は本書で取り上げた他にも、「学校の安全・安心」、「アクティブ・ラーニングの視点」、「カリキュラム・マネジメント」、「主体的・対話的で深い学び」、「キャリア教育」、「高大接続」、教員養成の「学校現場主義」など、最近の学校教育の新たな基本目標をめぐって論じたい用語群があったが、問題対象が広がり過ぎて頁数が増え過ぎることになるので割愛した。また、本書を書くうえで内外の先行研究に多くを負っている。引用させていただいた著作の執筆者の敬称を略させていただいた失礼をお許しいただきたい。

なお、本書の内容はこの10年余りの間に上梓した以下の拙著6冊と部分的に関連している。さらに詳しい議論については、それらを参照していただければ幸いである。

『増補　いじめ問題の発生・展開と今後の課題 ― 25年を総括する』黎明書房、2007年、『人生時間割の社会学』世界思想社、2008年、『学校臨床社会学 ― 教育問題の解明と解決のために』新曜社、2012年、『教師が育つ条件』岩波新書、2012年、『学校と暴力 ― いじめ・体罰問題の本質』平凡社新書、2014年、『新版　変動社会の教師教育』名古屋大学出版会、2017年。

新曜社の塩浦暲さんには、「教育言説研究会」の共同成果を『教育言説をどう読むか』正続2巻（1997年、2010年）として出版していただいた。今回は私の教育言説論集の刊行も快く引き受けていただくとともに、草稿全体に目を通して細部に至るまで的確な助言を頂戴した。教育の時事問題にそのつど向き合いながら、長年こだわり続けてきた私の考えがこうして一冊の本としてまとまったのは、塩浦さんのおかげである。心からお礼申し上げたい。

2019年9月

今津孝次郎

初出一覧

序　教育を語る「ことば」の乱雑さ――書き下ろし

Ⅰ　教育を語る「ことば」に注目する

1　「教育言説」という視点――「序　教育言説とは」今津孝次郎・樋田大二郎編『教育言説をどう読むか』新曜社、1997年の一部を省略し、全体を加筆修正した。

2　「心の教育」という言説――「5 心の教育」今津孝次郎・樋田大二郎編『続 教育言説をどう読むか』新曜社、2010年の一部を省略し、全体を加筆修正した。

3　「体罰は必要だ」という言説――「9 体罰は必要だ」今津孝次郎・樋田大二郎編『教育言説をどう読むか』新曜社、1997年、および「私の視点――『懲戒』のガイドライン作れ」『朝日新聞』2013年2月23日付を合わせて再構成して、一部を省略し、さらに加筆して全体を修正した。

Ⅱ　「ことば」を通して教育問題を深く捉える

1　子どものSOSサインを見逃し続けた40年――書き下ろし

2　「いじめ防止対策推進法」の意義と限界――「『いじめ防止対策推進法』をどう受け止めるか」『月刊　高校教育』学事出版、2014年5月号に大幅に加筆して全体を修正した。

3　平仮名三文字で「いじめ」問題を語らない――「平仮名三文字で『いじめ』問題を語らない――『つらく苦しく耐え難い思いをしている子ども』に寄り添うこと」『児童心理』金子書房、2018年5月号の一部を省略し、さらに加筆して全体を修正した。

Ⅲ　教師と学校組織を見つめ直す「ことば」

1　「青年前期」の子どもに「寄り添う」教師 —— 書き下ろし

2　教師の「ストレス」と対処法としての「協働性」 —— 「教員ストレスの実態と対処法としての『協働性』」『月刊生徒指導』学事出版、2006年2月、および「学校の協働文化 —— 日本と欧米の比較」藤田英典・志水宏吉編『変動社会のなかの教育・知識・権力』新曜社、2000年を合わせて一部を省略し、さらに加筆して全体を修正した。

3　「チーム学校」の光と影 —— 「『チーム学校』の光と影」『中部教育学会紀要』第18号、2018年6月の一部を省略し、さらに加筆して全体を修正した。

結　教育言説とエンパワーメント —— 書き下ろし

著者紹介

今津孝次郎（いまづ　こうじろう）

1946年，徳島県生まれ。京都大学教育学部卒業，京都大学大学院教育学研究科博士課程満期退学，博士（教育学，名古屋大学）。三重大学助教授，名古屋大学教育学部助教授，名古屋大学大学院教育発達科学研究科教授，英国オープンユニバーシティ及びロンドン大学キングスカレッジ客員研究員，名古屋大学教育学部附属中・高等学校長を歴任。現在，名古屋大学名誉教授，愛知東邦大学教授。専攻は、教育社会学，学校臨床社会学，発達社会学。

著書に，『増補　いじめ問題の発生・展開と今後の課題』（黎明書房），『人生時間割の社会学』（世界思想社），『教員免許更新制を問う』（岩波ブックレット），『学校臨床社会学』（新曜社），『教師が育つ条件』（岩波新書），『学校と暴力』（平凡社新書），『新版　変動社会の教師教育』（名古屋大学出版会），『教育言説をどう読むか（正・続）』（共編著，新曜社），『小学校保健室から発信！先生・保護者のためのスマホ読本』（監修・共編著，学事出版），などがある。

いじめ・虐待・体罰をその一言で語らない
教育のことばを問い直す

初版第1刷発行　2019年10月10日

著　者　今津孝次郎
発行者　塩浦　暲
発行所　株式会社　新曜社
101-0051　東京都千代田区神田神保町３－９
電話（03)3264－4973（代）・FAX（03)3239－2958
e-mail : info@shin-yo-sha.co.jp
URL : https://www.shin-yo-sha.co.jp

組　版　Katzen House
印　刷　新日本印刷
製　本　積信堂

ISBN978-4-7885-1651-9 C1037

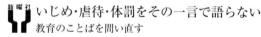